子育ての秘伝

立腰《りつよう》と躾《しつけ》の三原則

石橋 富知子

高木書房

まえがき

教育哲学者（故）森信三先生に師事して三十八年、その間仁愛保育園では先生の教えを実践してまいりました。それは同時に、日々園長としての、そして親としての学びでもありました。

本書は、そこで得た学びと、私自身の子育ての反省を、孫育てに生かすことができたことへの感謝と報恩の記録として出版するものです。

本書を手にされた人々の子育てや人生に参考になれば、望外の喜びでございます。

左記の四つは、本書の「エキス」を抽出したものです。

一、人間を**人間として軌道に乗せるための基盤づくり**が必須。

0才児から就学前までに立腰《りつよう》（腰骨《こしぼね》を立てる）と躾の三原則を親子で生活化する。

それによって基盤（軸）ができる。

※子どもは親がすることを真似て身につけていきます。

二、**学問を軌道に乗せるための躾**が必須。

・国語――小学校三年生までに出てくる漢字が全部読めて書けるようにする。

・算数――小学校四年生までに出てくる問題が全部解けるようにする。

※学校で自信をもって発表でき、勉強が好きになる秘訣です。

※親は教科書に沿って勉強の相手をしてやると、親のぬくもり、愛情を注ぎこむことにつながっていきます。

そのことは子どもの将来に大きな栄養を与えることになります。

三、躾は小言や説教で与えられるものではない。

親や教師、保育士、大人が率先垂範でし続ける中に漂う共感や愛情、尊敬等を子どもが感じとり、情緒の安定が芽生えて、自然と生活化していくものです。

四、躾は第二の天性となって、人生を支える。

「三つ子の魂百まで」と言われる所以です。

しっかりと根をはった「三つ子の魂」は、大人になってからも人生の大事に生きてきます。それを証明するかのように、本書の原稿がまとまりかけた平成二十四年三月三十一日、一人の卒園児が園を訪ねてきました。

静岡県に在住する、現在三十三歳の青年です。

とても懐かしく、嬉しい時間でした。

後日、彼から立腰教育を理解するに役立つ内容の手紙が送られてきました。

ご本人の承諾を得ましたので、「終わりにあたって」の最後に掲載させていただきました。

子育ての秘伝
立腰《りつよう》と躾の三原則

目次

正座時の立腰（４歳児）

第一部　家庭編

一、家庭におすすめしたいこと

豊かな心は、忙しさの中では育たない親子で向き合う時間を優先してつくることから

●早く手を打つほど問題は早く解決する

私自身の子育て、孫育て、そして保育園での園児の姿、保護者の皆様と接する中で、子育てについて幾つか思うことがあります。

大きく言えば、子育ての心構えというようなものでしょうか。そのことを最初に書いていきたいと思います。

読んで、ハッとするところがあれば、それを今からの子育てに生かしてください。

「私にはできない。無理」と思う方もおられるかもしれません。

そんなことはありません。ほとんどの人が同じような悩みを持ちながら解決してきているのです。

子育ての重要ポイントは、早く手を打てば早く打っただけ早く問題が解決するとい

うことです。

子育ては生活そのものですから、生活の中に答えがあります。一歩、変わろうと踏み出してみましょう。わずかな変化でいいので、まず親が変わることから始めましょう。きっと良いほうに変化するはずです。

お子さんに笑顔が生まれ、それが子育ての喜びとなることでしょう。

お子さんの育ちが同時に親の育ちになるのです。

●家庭の「中心軸」父親を立てると子どもは安心する

幼児期の子育ては、お母さんがすべてです。お子さんにはお母さんが好きというのが一番先にあります。父親よりもです。

父親に尊敬を抱くようになり、父親に遊び相手になってほしいのは小学校入学前後からです。

ですから小学校に上がる前のお父さんの大事な役割は、お母さんが子どもと一緒にいる時間を多くしてやるように、お母さんをサポートすることです。

父親と遊ぶようになったら母親はちょっと退いて、お父さんと遊んでいらっしゃい、お母さん夕飯つくるからね、というような立ちまわりをしてくださるといいですね。**お父さんの悪口は絶対に言わないことです。家庭の中心軸（父親）が立つと家の中が安定し子どもは安心します。**

同時に、母親が父親にどのように接っしているのか、また母親が父親のことを、どのように子どもに言っているのか、それが問題になります。

お母さんが「はい」と爽やかに言ってくれると、子どもはその返事を聞くだけで落ち着きます。その安心感が外に向かっての活力になるのです。

同じくご主人も、後顧の憂いなく働けるといいます。

●子どもの存在そのものを認める

子どもは親の私有物ではない、天（神）からの授かりものという基本的な想念（思い）が親の心底にあることが大切です。

すると、子どもを愛し敬《うやま》うのは当然であるという心構えができてきます。

愛し敬うとは、具体的にどういうことかといいますと、子どものありのままを認めた接し方をすることです。

認めるとは、子どもの**存在そのものを認める**こと、あなたがいてくれて、お母さんはとっても嬉しいと認めることです。

授乳のときも含めて、話をするときは必ず目線を合わせて話しましょう。

●子どもの心を満たすために公平さに貫かれた関わり方を

いつも公平であるかどうか。それを判断するのは、親ではなくお子さんの心です。

例えば、お母さんはいつも僕を叱るけど弟も叱るという、公平さに貫かれた関

立腰で目線を合わせて授乳

わり方を、お子さんが実感するかどうかです。差別した子育てをしないよう気をつけましょう。

●兄弟（姉妹）喧嘩は下の子を叱る

家庭でよくみかけるのは、親が無意識に下の子をかわいがることです。意外と上の子を我慢させています。それに気づいてください。兄弟喧嘩をしたら、下の子を叱るのが原則です。

それを聞いたおにいちゃんは、しまった自分が先に手を出した。なのに――下の子が怒られた――となると、親のいないところで下の子をかわいがります。しまったという気持ちの反省をお兄ちゃんがするわけです。

下の子が先に手を出していることがあります。なのに親は「またお兄ちゃんが」とついつい言ってしまう。下の子をすぱっと叱ってくれると、上の子は満足します。そういう子どもの心の動きを親は知っていなければなりません。

●悩みごとを親に言える子に

絆がしっかりできている家庭は、中学生になろうが高校生になろうが、本当に自分が孤独になってどうしてよいかわからなくなった場合、親に言います。

それも父親に言うことと母親に言うことを使い分けながら、たいてい男の子は強がっていますけど、母親に甘えます。

親に言える子にしておかなければなりません。

親にポロッと愚痴が言えるような親子関係になっていなければなりません。

小さいときから、子どもが最初に言った要求に応えてやっていると、その絆が、よりよい親子関係を培ってくれます。

「あなたの気持ちわかるよ」と、最初の要求を撥ね除けない親子関係であれば、年齢に応じた会話がとぎれません。

●親（大人）の行為を「善」の基準に

幼児期の子どもは、親（大人）の行為を「善」の基準にする特徴があります。したがって、大人にはお手本としての行為が求められます。

子どもには、お手本を示しながら「教える」ことも必要です。常日頃、親が挨拶をしている姿を見せることです。挨拶ができないときは、その都度教えてください。きちんとできたときは、褒めることも忘れないようにしてください。

●感動体験を味わせる

感動体験を味わせることはとても大事です。一緒に映画を見に行って、感動し合うとか、**家族で共有する感動体験を持ちましょう。**

親にとってはたわいもないことのよう

ボディペィンティング

でも、子どもにとって大切なものがあります。その年齢、年齢に応じて子どもは感じるものがあるからです。

三歳くらいになると虫とりに熱中したり、カブト虫に熱中したりします。親はきついけど、その年齢に応じた子どもの要望に一緒についていくことです。

バッタとりに振り向かなくなったら、今度はキャッチボールをしようとか、いろいろ出てきます。親が付き合ってやることで感動し合うのです。

親子の感動を沢山つくることです。その役割は父親、母よりも父親ですね。子ども――とくに情緒生活期（0歳～九歳）――に達成感や感動体験を味わせるには、相手が必要です。それには親が一番適しており、次に兄弟姉妹、祖父母となります。保育園でいえば一番は担任保育士です。

子どもだけで遊ぶ、何かをするというのは小学校の高学年になってからです。情緒生活期の間は、情が先ですから、辛いことを一生懸命やり抜いて報われたことに対し、親も一緒によろこんでやる、抱きしめてやることが必要です。

振り向いたら親がそこにいたという「より添い」の共感を沢山経験させることです。

●子育ての時間を優先してつくる

親として、豊かな心を持つ子に、広い心を持つ子に、あるいは思いやりのある心を持つ子に育てたいという願いがあります。そういう心をまとめて豊かな心といいますが、それらは親の忙しさの中では育てられません。

いまは共稼ぎの親が多く、親は両方とも忙しいですね。

子どもが小さいときは、親が話し合ってどちらかの仕事をセーブする。それから家族で仕事を分担して、母親ができるだけ赤ちゃんに接せられるような時間をつくってあげましょう。

とくにお父さんができるだけ早く帰ってきて、自分のできる仕事をしてあげてください。洗濯物をたたむとか、料理はお母さんが作ったとしても、それ以外の家庭のことを分担して手伝う、そういう関わり方がとても大事だと思います。

すべてに優先して親とか祖父母とか兄弟姉妹とか保育園の教師とかが**愛情あふれる心地よい触れ合い**を積み重ねていくことで、子どもの心に安定した情緒が育っていきます。

●子どもは親が育てたように育つもの

躾をきっちりと受けて育った人は、少年期後半頃より、それらが第二の天性となって、自分らしい個性を発揮しながら人生を豊かに生き抜きます。

ナポレオンの名言に、「子どもの運命は常にその母が作る」とあります。

子どもは親が育てたように育つものです。子どもに言って聞かせたことよりも、親がしてきた通りのことをする人になります。

次は私の反省を含めて申します。

子どもより親（自分）の仕事が優先で、親の都合のいいように子どもを振り回して育てると、子どもが中・高生になって、逆に親が振り回されるようになります。

子どもがすぐキレたり、かんしゃくを起こすのは、子どもが小さい時期に、親の思い通りにならないと、親自身の心を優先し、ヒステリックになったり、ガミガミ言ったり、子どもを不安がらせたりする親の生活のクセが、子どもの心にコピー（刷り込み）されるからです。子どもは親に気づいてもらうまでSOSのサインを送ります。

●子どものサインには意味がある、そのとき親は

①子どもに寄り添い、愛情を注ぎ込みましょう。

②生活の中に答えがあります。

子育て開始から今日までの親の心の在り方、生活態度を省みましょう。思い当たることを子どもに素直に話しながら、謝ることです。

③話を聞かないときは、手紙を書いて、机の上に黙って置いてみましょう。そうするとほとんどの場合、読んでくれます。

④親が自分の心のクセ、生活のクセを認め反省しましょう。そのときから子どもに自然と寄り添うことが出来るようになり、愛情を注ぎ込む知恵が出てきます。そのときから子どもの心は、落ち着きを取り戻し、サインが消えてゆきます。

⑤子どもと話をするときは「目線を合わせて」、しっかり向き合い話すようにしましょう。親の厳しさと優しさが心に伝わります。

「サイン」は、親も子も変わるチャンスです。まず親が変わることからです。一緒に生活しているのですから、生活の中に答えがあるのです。

二、心身共に健康な子どもに

①　規則正しい生活習慣を

●乳幼児期は心身ともに大きく成長する

お母さんが、子どもに対しまず願うのは、心身共に健康に育ってほしいということではないでしょうか。

かつては成人病と言われていた生活習慣病が、子どもにも広がっています。生活の乱れからくる病気ということで、生活習慣病と言われています。中でも子どもの場合、とくに食事の乱れが大きな要因になっているそうです。

乳幼児期は、心身ともに大きく成長するときです。生活の乱れ、食の乱れで子どもの健康を害しては、親の願いである、心身ともに健康な子どもは育ちません。

親の都合は、いろいろあるでしょう。

しかし、まずは親自身が規則正しい生活を心掛け、子どもに規則正しい生活習慣を身につけさせてあげましょう。

その幾つかのポイントを挙げてみます。

●「睡眠を十分にとらせる」～夜型にしないこと

成長期の子どもにとって、睡眠は一番大事と言ってもよいくらい重要です。**睡眠中に、脳も体も成長する**からです。

そのために求められる生活習慣は、早寝早起きです。

なかなか子どもが朝起きてくれない。そんな悩みを抱えるお父さん、お母さんもおられるのではないでしょうか。

その対策の第一は、子どもを**夜型の生活に巻き込まない**ことです。

どうしても親は夜型になります。ですから親に信念がないと、これは実現できません。

例えば、夜九時にお布団にはいる。お風呂には七時か八時頃にいれる。と親が決めることです。

睡眠を十分にとらせるリズムになれば、自《おの》ずと規則正しい生活習慣のリズムができあがります。

一緒に床にはいり、子守唄を歌ってあげたり、話をしたり、できる限り色々な本を読んで聞かせ、聞きひたり（親や先生の話を、心安らかにゆったりと聞く状態）の楽しさを体験させましょう。手を握って眠りにつかせることもよいことです。

早寝早起きのポイントは、**早く起こすこと**です。早起きをさせると、必ず早く寝るようになります。そうなれば十分な睡眠をとって早寝早起きができるようになります。

② 食事の時間を大切にする

●食事は食べるだけではない

食事というのは食べると同時に、あらゆる躾が凝縮されていることを忘れてはなりません。

「いただきます」「ごちそうさまでした」の挨拶。お箸の持ち方、食事の準備、後片付けなど、様々のことを身につけるチャンスです。

●感謝の心を育む

食事は命をつないでいく大切なものです。いろんな人の手をわずらわせて、食べ物として自分の前に出されます。

おっぱいにしてもお母さんの食事を通してつくられます。ミルクだっていろんな人の手があって飲めるわけです。

すべて互恵関係にあります。

多くの人につながっていることへの感謝。自然の恵みにつながっていることへの感謝。支え合っているものへの感謝。食事を通して感謝の心を育みましょう。

給食配膳を待つ２歳児

●心も体もしっかりと向きあう（授乳から始まる）

おっぱい（ミルク）を飲ませるときには、必ず子どもとの会話を楽しみましょう。

「おいしいね」「大きくなってね」と、柔らかく、早口にならないように、子どもに語りかけます。

子どもと向き合って、授乳に集中し目線を合わせて楽しみます。他のことは考えないで、子どもに意識をしっかりと向けます。

意識を向けること――心も体も子どもにきちんと向き合うことが何より大切で

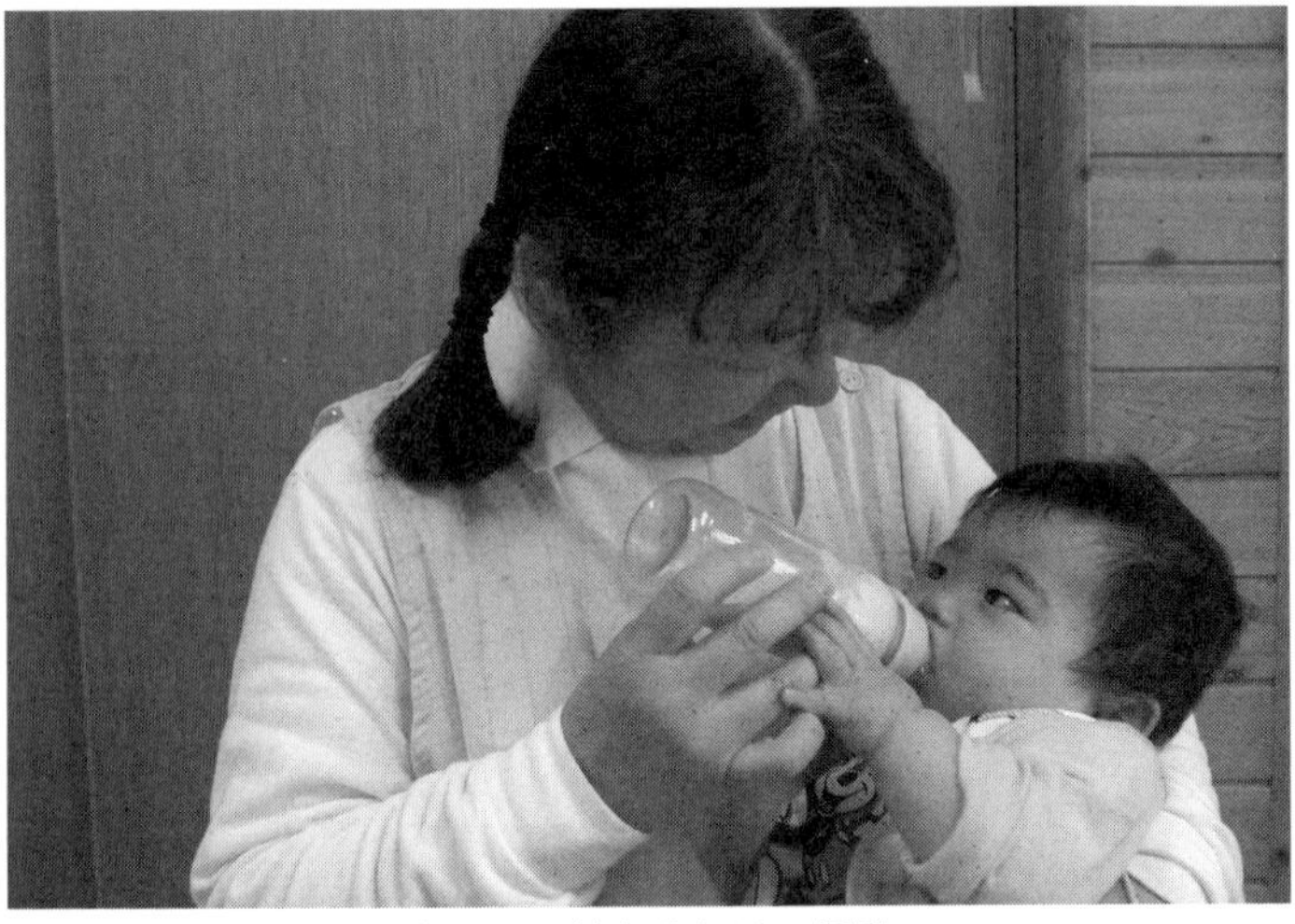

立腰で目線を合わせて授乳

す。そのときの母親の気持ちが非常に大事です。

わが子として生まれてくれたことに、喜びと感謝の気持ちを抱いておくことです。その気持ちがあるか、ないかで子どもに語りかける言葉が違ってきます。愛着形成の大切なポイントです。

●マナーを教える

食事を通してマナーをしっかりと教えることも親の大事な役割です。

お箸のもち方、残さないで食べる、食器などカチカチと音を立てない。感謝の気持ちで食べる、食べながら遊ばない、ひじをつかない。後かたづけを手伝う

2歳児クラス　立腰でハシを使って食べる給食

等々、気がついたことはその場で教えてやりましょう。

●食事のときはテレビを消し会話を楽しむ

テレビをつけながら食事をする家庭が多いと思います。テレビをつけず質の高い会話を親子で楽しみましょう。会話の内容で、「お父さん凄い」と子どもは思います。一日あったことをお子さんから聞きましょう。会話がはずみます。人の悪口、人の噂話、愚痴などは話題にしないようにしましょう。

●親子で一緒に食べる

食事は家族一緒がいいですね。孤食をさせてはいけません。父親が仕事で同席できないときは必ず母親が一緒になって食べましょう。

食事中、親はうろうろしないようにしましょう。

子どもには食べることの満足の他に、心の満足も与えなければなりません。

椅子の背にもたれないで、あとで詳しく述べる立腰《りつよう》で食べることを、親子で積み重ねる機会としましょう。

③ 躾、開始の時期

●生まれたそのときから始める

躾の開始の時期は、早いにこしたことはありません。出産して、病院から家に帰ってきてからすぐに親が始めます。

お子さんは、自然にその環境の中で、親の行動を見ております。子どもは生まれたときから見えております。生まれたときから耳は聞こえています。親の声、ハイという声、家族で名前を呼びあっているのを聞いています。呼ばれたら「ハイ」と返事をするというのが自然にはいっていきます。

正しい日本語が耳に入っております。腰骨を立てて家族中で食事をしているとき、椅子の背にもたれないのを見ております。それが当り前と思うようになります。

親が見本を示すのに、早いにこしたことはありません。まずは親がすることです。はき物を揃えることは、最初に靴を履いたその日から始めます。

立腰《りつよう》は、おすわりが出来るようになって（七～八ヵ月頃）から始めます。正座の立腰から椅子の立腰へ、そして足元を揃えて立つ立腰へと進みます。詳しくは第二部をご覧ください。

●根を養えば樹《き》は自《おの》ずから育つ（東井義雄先生）

乳・幼児期は心の安定感をつくらなければならない時期です。
乳・幼児期は創造・意欲の芽を育てる最適期です。
乳・幼児期は我慢の力を育てる時期です。
乳・幼児期は記憶が旺盛で丸暗記能力に優れた時期です。

0～六歳は、心の動きを促す右脳が優位に働く時期です。従って乳幼児期は、心の教育が中心でなければなりません。

心の安定は、親の愛情にかなうものはないのです。一日に最低一回はお子さんと真剣に向き合って暖かな愛情を注ぐこと。それを感じるよろこびをお子さんが最も求めていることです。

●忘れ物をしない習慣をつける

躾の仕上げというのもあります。躾に仕上げがあるということは、年齢に応じてやることがあるということです。

遅くとも「つ」のつく時代（九才）までに、基本的な躾は終わっておくように、親も続けるということです。

忘れ物をしない「コツ」を教えるには、例えば明日必要な物は前日から用意し枕元に置くことを教えます。明日着る洋服は何にしようかと子どもと話し合い、枕もとにおいて、目がさめたらぱっと寝巻きを脱いでそれを着て「おはようございます」と起きてくることを約束します。

●時間を守らせる

時間を守らせるためには、五分前にはすべて用意を整えておくクセをつけることです。その習慣をつけたら最高ですね。まず親が日頃から時間を守ることです。

時間は二度と戻りません。すべて一期一会で、過ぎ去っていくという現実。そのことは人生は二度ないんだよということを、語りながら教えていくとお子さんは素直に聞きます。

●家事の手伝いをさせる

子どもは親に役立ちたいという思いを持っています。どんな些細なことでも、役立つことをしてもらった時には、「ありがとう」と言いましょう。

お母さんが喜んでくれると、子どもは嬉しくなります。

小学校に上ってから、遅くとも二年生になったら、家事の手伝いをさせましょう。家族の一員であるという実感を持たせるのです。

３歳児　お当番さんが配膳　立腰で待つ

社会を構成する最少単位である家庭で人のために役立つことの大切さを知り、社会に役立つ人間へと成長していきます。

④ 幼児語は使わない──美しい日本語で語りかける

子どもは最初喃語《なんご》で「ああー」とか「ううー」とかから発信します。それに応えるのに親は絶対に幼児語を使わないことです。

「あっ、喃語を使っているね」「喃語が出るようになったのね」とフィードバックします。

子どもは親から最初に聞いた言葉を積み重ねて言葉を習得していくからです。

親は正しい日本語を語り、子どもの行動と結びつけてあげます。言葉と行動が結びつくことで、その意味も理解するようになります。

叱るときも丁寧な言葉を使います。丁寧な言葉を使うと、怒りが抑えられ冷静に諭《さと》すことができます。

それに重要なことは、**テレビで子守をさせない**ことです。言葉の発達が遅れる大きな要因になっています。

できるなら二歳まではテレビを見せない。過剰な刺激を与えないことです。過剰な刺激で脳を疲れさせないことです。テレビは会話が一方通行なので言葉の習得が遅れます。

⑤ 子育ては伝承文化

しっかりと覚えておいてほしいのは、子育ては伝承文化であるということです。自分が与えられたものを与えてゆくものなのです。

虐待を受けて育った子は、虐待をする親になることがあります。

親から愛情をしっかりと注ぎ込まれた子は、自分が親になったときに、子どもに愛情をしっかりと注ぎます。

その点をよく知って、子育てをしましょう。

親が言ったことよりも、親がしたことを伝承していきます。子育ては、伝承文化ですから、日本文化にあった子育てをすることが基本です。

日本人の風土、住宅に応じた生活習慣を身につけさせます。

そして子育ては、悪いことまで伝承されます。結果、子育ての歪《ひず》みは、亡国につながります。

ここにも「心身共に健康な子どもに育てる」重要な意味があるのです。

5歳児クラス　仁愛ダイコ　ポジションはジャンケンで決めます

⑥ 親が情を注ぎ込みながら愛着形成を大事にする

●親に愛されているという実感

人間形成の礎石づくりは、愛着形成がなされて初めて正常な子育てができると言ってもよいでしょう。

愛着形成は、「親に愛されている」という実感を積み重ねることで出来上がっていきます。

お子さんと、しっかりと向き合っていますか？「お母さん」と、お子さんが呼んでいるのに、無視していませんか？　仮に無意識であっても、お子さんを無視するような行為はしてはいけません。

無視されたお子さんは寂しさから心に穴が空き、愛着形成が歪《ひず》みます。

●抱きしめるのが一番

では、愛着形成を進めるには、どうしたらよいかということになります。

睡眠前、食事のとき、話をするとき、**目線を合わせる**。話を聞いてやり、お子さんの気持ちを受け入れる。いろいろありますが、抱きしめるのが一番です。愛着形成には、**抱き癖をつける**ことです。

抱き癖をつけたらいけないというのは、とんでもない間違いです。一日に何回でも抱きしめてください。

おんぶをする。添え寝をすることも愛着形成に役立ちます。

泣いたらすぐに抱く。何で泣いているのか抱きながら親がその原因を探るのです。必ず目線を合わせて話をしましょう。

そのときお子さんは、親の表情をしっかりと見ます。

親からいけないことを言われているのか、親が喜んでいるか、自分は親に愛されているのか、それらを子どもは感じていきます。

どんなに叱っているときでも、「**あなたを愛していますよ**」のメッセージが伝わるようにしましょう。それを忘れないで意識してください。

「あなたが大好きだから、いい子になってほしいから言っているのよ」、そういう親の気持ちが伝わる冷静さが大事ですね。

●遊び相手になってやる

子どもというのは、一人遊びをするのは数ヵ月経たないとできません。

小さいときは、あまりはたらきかけてもいけませんが、生まれて数ヵ月のときは、その場に寄り添って、たたずんであげるだけでもいいのです。

子どもの発達に応じて遊び相手をしてあげます。タッチタッチとか、手を添えるとか、お座りできたらボールを子どものほうに投げてあげるとか

必ず遊び相手になってあげる――その最初の適任者は母親です。それからお父さん、兄弟姉妹と広がっていきます。

0歳児と遊ぶ

楽しいと感じる遊びをします。そして体を動かしながら、愛情たっぷりに話しかける。コミュニケーションを大事にすることです。

それから静かな時間を与えることも大事です。お子さんが何かに集中する時間をつくってあげます。その時は話しかけません。

●一人にしない

一日の生活の中で、体を動かす、静かな時間を持つ。それらを使い分けしながら、要するに一人にしないことです。

振り向いたら親がうしろにいた、

兄弟がいた、

親の微笑があった、

というように、ぬくもりを感じる、安心感がある、そういう環境で育てると、円満な愛着形成が培われます。

0歳児　保育士に名前を呼ばれてハイと手をあげて応答

こういう関わり方をすることで、親の情を注ぎ込んでいくのです。

ポイントは、親の心も体も、**子どもに寄り添っている**ということです。

共稼ぎで子どもと一緒にいる時間が取れないというお母さん、一緒にいる時間を優先的に作り、しっかりと抱っこしてください。添え寝もお勧めです。

ご主人も協力をお願いします。

⑦自尊感情――やる気の源泉

●人間の最も大切な感情の一つが自尊感情

前に述べた愛着形成がなされて自尊感情が生まれてきます。

自尊感情とは、自分が誰かに必要とされる存在であると実感する気持ちです。人は、自分の存在を認められることで、生きる勇気が湧くものなのです。

この気持ち、大人も子どもも同じだと思いませんか。

「ハイ」と返事するのも、相手の存在を認めることにつながっています。ですから返事一つでも疎《おろそ》かにしてはいけないのです（ハイの大切さは躾の三原則で述べます）。

返事をしないことは、相手を無視——相手の存在を否定——したことになるのです。

自分の存在を人から認められる。励まされる。その喜びの気持ちが大きいほど、人はやる気や意欲が増すものです。

逆に、人からからかわれたりするとその自尊感情はひどく傷つき、到底やる気などなくなってしまうものです。

からかうということは、相手を軽く見ているからこそ出ている行動です。

これほど、子どもの気持ちを傷つけることは

保育士の方から挨拶をする頬をさわって触診する

ないでしょう。

にもかかわらず、案外大人は子どもをからかって遊びます。

子どもの方でも親にからかわれることを、喜んでいるかのように振る舞うときがあります。実は、親の関心をかうために、自分で自分を傷つけているのです。

●意欲を認めてあげる

何かをしようとしたとき、出来不出来にかかわらず、その意欲を認めてあげることです。「腰骨が立っているからすばらしいね」と言葉をかけてあげましょう（腰骨のことは後で詳しく紹介しています）。

●あなたは私の宝物

常に「あなたのそばにいるだけで幸せ」「あなたは私の宝物」と抱きしめて、ささやいてあげましょう。

大人の本当の思いやりと愛情を受け、愛着形成と自尊感情が基盤となって、子どもは意欲的に、自分の力を発揮することができるのです。

三、悩み相談

無心で絵の具と遊ぶ0歳児

心の穴をうめましょう

日々の子育てで、一つ解決したかと思うと、また新しい悩みがでてくるものです。
夜泣き
指しゃぶり
おねしょ
夜の寝つきが悪い
食事を食べてくれない……
というような悩みが多いですね。
仁愛保育園では、年齢別の保護者会を持ち、悩みを出し合います。同じ悩みを抱えていた親はどう対処したかも出し合います。それで問題を解決する親もいます。私も、私の考えをお話しします。

●夜泣き

おっぱいが足りていなかったり、離乳食を始めたら、食べ物で満腹感がなかったりすると夜泣きします。水分が欲しいときもそうです。それを満たしてやるとたいてい治ります。

●指しゃぶり

学者によって見解が違います。私は精神的なものが内在していると考えています。それが何なのか、親しかわかりません。

例えば、その子がお腹に宿ったときからの母親の精神状態を、ずーっとチェックしてみます。

産みたくないと思ったとか、生まれてきたとき嬉しくなかったとか、歓迎しなかったとか、夫婦喧嘩が絶え間なく続いているとか、何か原因があるはずです。

子どもに精神的な寂しさを与えていなかったかを、胎教から謙虚に反省してみます。

ノートに書き出してみます。

心にあったことを吐き出すために書き出すのです。

そのとき、しまったという項目があれば反省の内容として書いておきます。

それができる親なら、子どもは自然とよくなります。

不思議と親が変われば、親の心の置き所が変われば、子どもはよくなります。ということは母子一体ということです。

三歳までは、とくに母子は一体なのです。

指しゃぶりは、何らかの理由で子どもが受けた寂しさがあり、指しゃぶりをしないと自分の気持ちを保てない。

お酒を飲まないと、タバコを吸わないと落ち着かないというのに似ています。胎内にいるときからしゃぶっていたという子もいます。

私はその原因は寂しさだと思っています。

特に受胎したときお母さんの心の状態がどうであったか、それを考えて、思い出して反省をしてみてください。

指しゃぶりの原因が寂しさにあったと気づき、「淋しい思いをさせたのね、ごめんなさいね」と反省すると自然と治ります。親が反省をしながら子どもが寝つくまで、しゃぶるほうの手をお母さんが握ってあげます。

そしてお話しをしたり、お歌をうたったり、絵本を読み聞かせたりするときも、しゃぶるほうの手をずっと握ってあげると自然としゃぶらないで寝つくようになります。

「指をしゃぶらないで」と言わない寄り添い方をすることです。

●おねしょ

おねしょも指しゃぶりと一緒です。おねしょをしたときに、親は絶対に怒ってはいけません。

夜中におねしょをしたことを見つけたら、静かに「わかったよ。こちらの布団に寝なさい」と、怒らないで対応します。「明日、外に干してあげるからね」と言ってやると安心します。

これも何か心の問題が潜んでいます。

何が蓄積してそうなったか、母親が反省してみて、母親が気づいたことが正しい答えです。反省して切り替えていくと自然と治ります。

それと同時に、泌尿器系ですから腎臓とか膀胱に異常があるかどうか、調べてもいいですが、子どもの頃はその様な異常はほとんどありません。

異常がなければ精神的なものが原因です。

夫婦が離婚するときに、子どもがお母さんにつこうか、お父さんにつこうかと振り回され、小学校の間中おねしょをしていた子どももいます。


どういうときに治るか。

親の反省が子どもの心に不思議と通じます。心が通じると寂しさで空いた心の穴がふさがります。

子どもが小さいときは母親の反省で、ほとんど解消していきますが、大きくなってからおねしょする子は、穴が大きくなっていますので、その子自身の心が満たされない限り穴は埋められません。

お母さんの愛を感じたり、祖父母の対応に感謝したりして、その子が愛されていると自覚したとき穴が埋められ治ります。

小学校三年生になっても治らず、六年生まで、親の反省が必要とした例があります。

子どもを振り回したり、子どもに悲しい思いをさせたりした結果です。

●どもり

気にしないのが一番の手当てです。指摘するとますますどもります。でも原因は何かあるはずです。

よく左利きを無理に直そうとすると異常に緊張して、ストレスがたまってどもりがでるというお医者さんもいます。私は、そればかりではないと思います。

●親の心の問題が子どもの問題に

いずれの問題にしてもその子が小さいときに、例えば夫婦喧嘩が絶えなかったとか、ご主人が失業したとか、経済的に窮地になって離婚する、しないの騒ぎになったとか、そういう**親の悩みや心配事が子どもに影響し**、安定感のない心になって突然どもりになったり、他にもいろんな問題を起こすケースが多いのです。

親の精神状態や心の問題が原因になっているのです。

子どもにとって一番必要なのは、**親の無償の愛情と夫婦の調和による母親の心の安定**です。

第二部　子育て秘伝編

一、人間を軌道に乗せるための基盤づくり

立腰《りつよう》と躾の三原則

① 立腰と躾の三原則で人間形成の礎石となる三つ子の魂を育《はぐく》む

●子育ての基本をしっかりと知ること

豊かな心を持った子どもに育てたい、
礼儀をわきまえた子どもに育てたい、
自分の意思をはっきり言える子どもに育てたい、など、
願いはあっても、それをわが子に身につけさせる方法がわからないで悩んでいる親御さんも多いのではないでしょうか。
また子育ての悩みや不安は、子どもの成長と共に、新たな悩みが沸き起こってくるものですから、
「もう嫌、私どうしたらいいの」と叫びたいときもありますよね。
それは親として――この子をより良く育てたいと願いながらも――子育てに迷いが生じるからではないでしょうか。

迷わないためにも、まず子育ての基本をしっかりと知っておく必要があります。
子育てをわかり易く譬《たと》えてみましょう。
土壌で言うなら土づくり、
建物で言うなら基礎、土台づくり、
植物で言うなら根づくりということになります。

種子づくりと言ってよいかもしれません。種子は自分で芽を出し成長していく力、生命力を持っていますよね。子育ては、その種子のような力をお子さんに身につけてもらうことです。

すなわち人間として生きる力の土台、基礎を培うということになります。

別な言い方をすれば、「三つ子の魂」を育《はぐく》むということになります。

左右を知らせながら（1歳児）

「三つ子の魂百まで」と言われるもので、
――百まで――に意味があります。一生ということですね。「三つ子の魂」が、その人の一生の基礎基本になるということです。

すなわち、「三つ子の魂」は、**その子らしさを発揮する基底部**（最も基本となる部分）になるものなのです。それを**人間形成の礎石**といいます。

本当は、わが子が生まれる前から、親は、そういうことを意識しておかなければなりません。では、その礎石となる精神をどのようにして培《つちか》っていくかです。

それを突き詰めていくと、**躾の問題**になります。

さらに、どういう躾をしたらよいかというと、「立腰《りつよう》と躾の三原則」ということになるわけです。

これには、**自分の意思力、集中力、実践力を含む主体性と品格を身につけ、個性を発揮**するための力を養う、基礎基本が凝縮されているのです。

これを生まれたときから三歳まで、遅くとも小学校にあがる前の六年の間に身につけさせます。習慣化（生活化）すると間違いなく自己の礎石をつくり、三つ子の魂を育むことができます。

●人間は心身相即的存在

では、なぜ立腰《りつよう》と躾の三原則が人間形成によい効果をもたらすのでしょうか。

これは日本民族の伝統的心身統一法であります、人間は心と体を併せ持つ心身相即的存在であるという考え方に基づいています。

心をしゃんとするには、型を整えることでそれが可能になるということです。

立腰教育は、その考えに叶った最も自然で無理のない「人間形成の礎石を築く（心を育てる）」教育の大道なのです。

これは、時代を問わず、教育再建の根基（根本、基本）と言えます。

わかり易く言えば、**目に見えない心を育てるために、目に見える型や態度、耳に聴こえる言葉を通し、その型や態度、言葉の中に含まれる精神を、心の中に入れ込んでいくことです。**

それでは具体的に「立腰」と「躾の三原則」について、分けて説明していきます。

②立腰《りつよう》の考えと方法

●立腰

立つ腰と書いて立腰《りつよう》と読みます。性根づくりの根幹である「腰」とは肉付き偏に要と書くように、尽きることなきエネルギーの根元なのです。

体の中心部にある腰骨《こしぼね》（腰柱五ヶ）を立てることです。これを曲げないということです。言葉だけでは分かりにくいと思いますので、図や写真を示して説明します。

遊びのルールを聞く１歳児

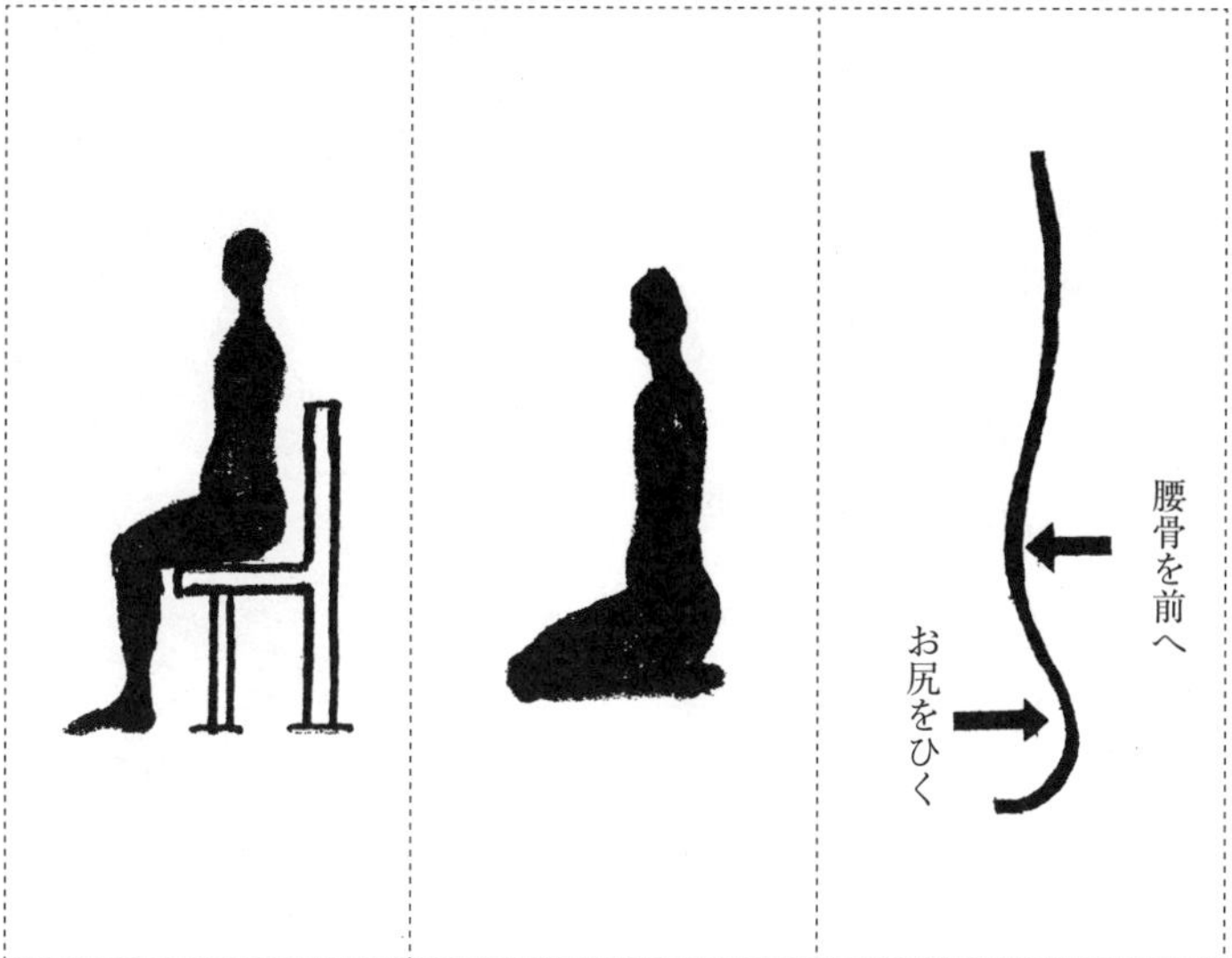

立腰の要領

1　まずお尻を後にひき

2　次に腰骨の中心を前へ突きだす

3　最後に下腹に力を入れて持続する

このような姿勢を、一日中続けることによって、我々人間には、集中力と持続力が身につき、その上さらに判断力も明断になるのです。そればかりか、一段と行動的な人間になれます。

立ちの立腰（５歳児）

椅子に座っての立腰（５歳児）

座の立腰

土ふまずを深く重ねる

お尻を、重ねた足の上に置く　手はももの上に置く（５歳児）

一歳児に
座の立腰の型を教える
１～５

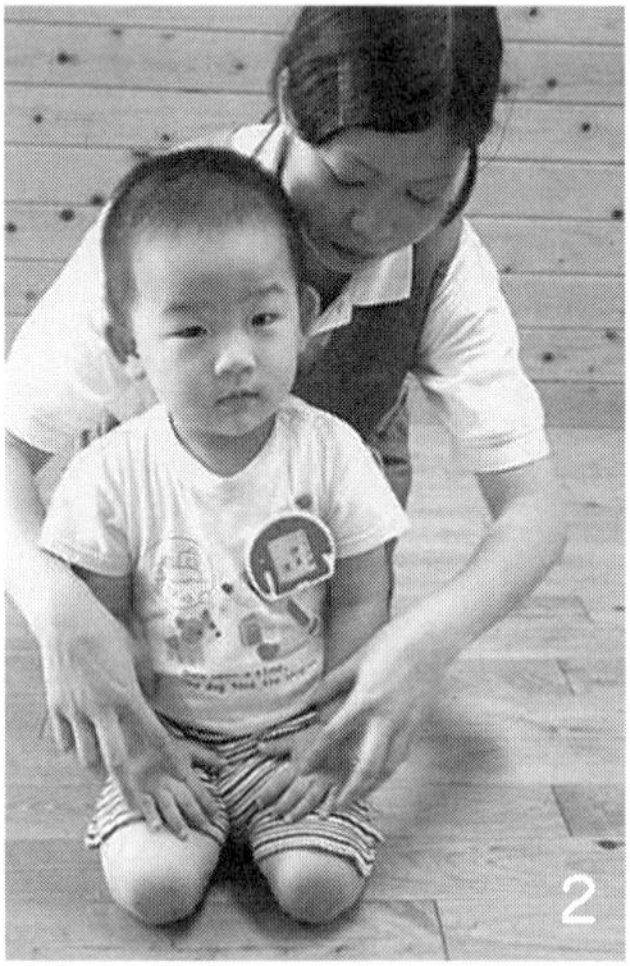

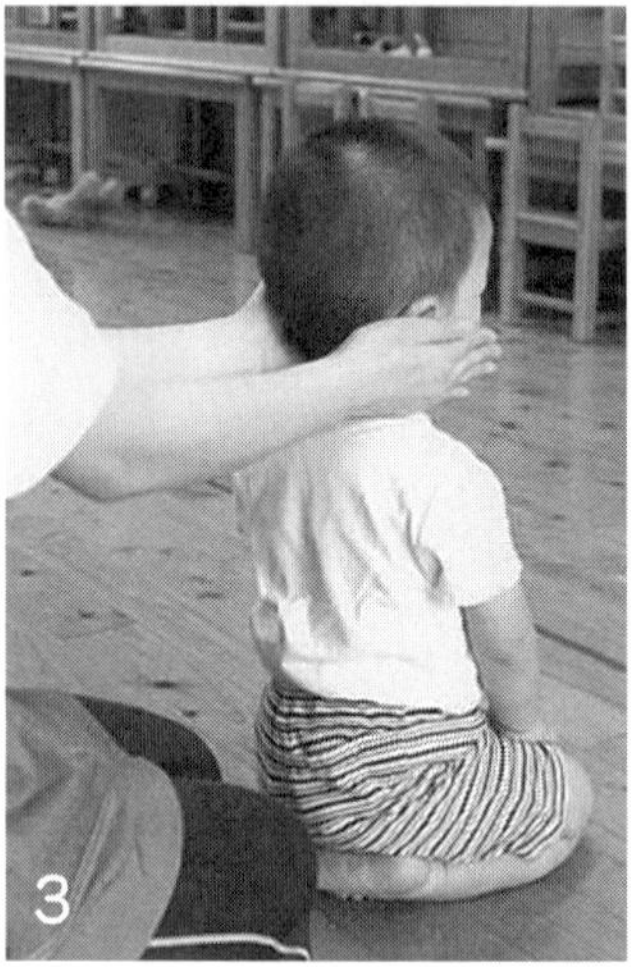

先生の手先に愛をこめる

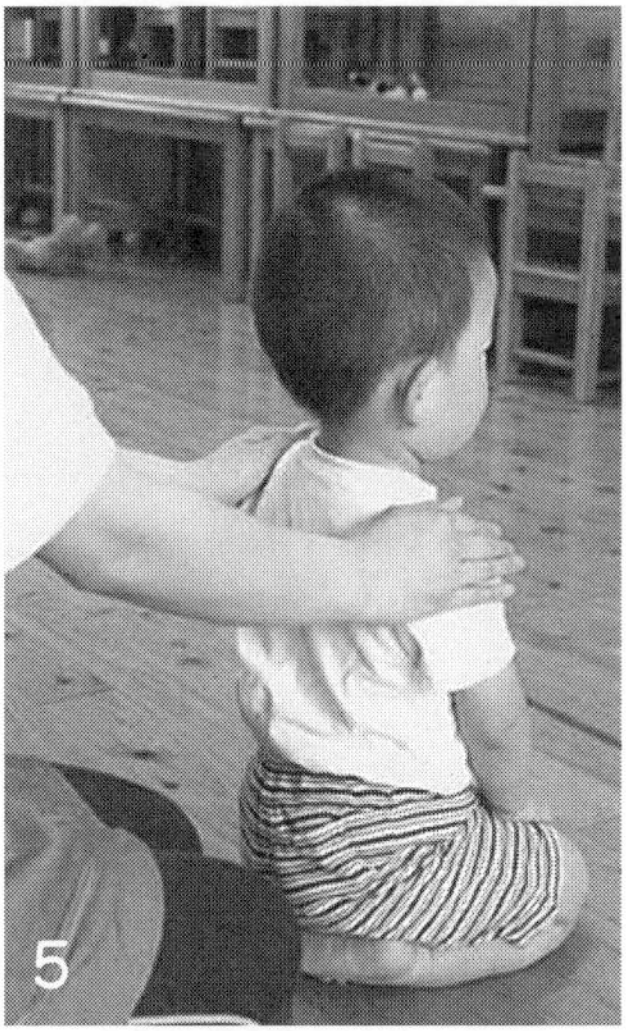

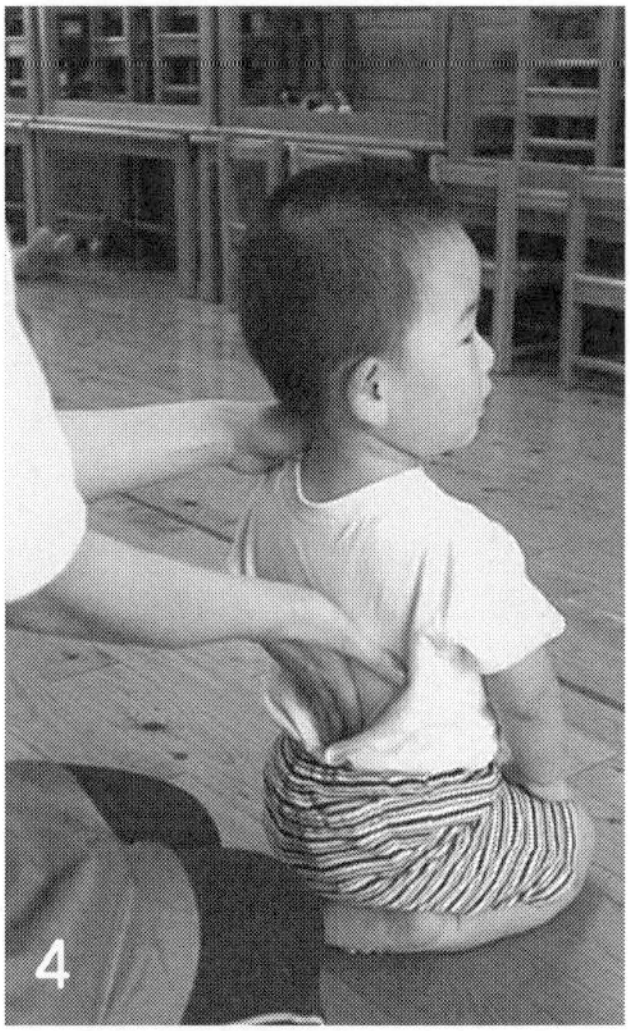

体操ずわりの立腰（5歳児）

立腰の写真を見てどのように感じますか。

実は、立腰姿勢こそ自己分裂をしない人間の自然体なのです。

ですから、立腰姿勢を、し続けることで**しゃんとした心（性根）が育つのです。**

これを一日の活動の節目、節目にちゃんとやることで、性根（意志力、集中力、持続力、実践力）を涵養《かんよう》し、自分の基盤づくりになります。

動から静へ、静から動へ、瞬時に切り替えることができる人間になります。

医学的な心療内科で言えば心と体を統一する心身統一法、セルフコントロールになります。

１歳児　立っての立腰

●腰骨を立てる

菱木　秀雄

下はらに力を入れて
腰骨をシャンと立ててごらん
かたやむねに力を入れないで
あごを引きましょう
　すばらしい姿勢です
元気な体のもとです
　あたまがすんできます
あなたのわがままに克てる姿勢です
あなた自身を見なおせる姿勢です
きびしい世の中をのりきる姿勢です

●躾教育の根本は型を美しく整えることから
立腰を生活化、習慣化するコツ

保育園で、立腰の生活化、習慣化を図るには「職員が率先垂範する実践こそ肝要」といつも話をしています。

これをご家庭での実践に置き換えれば、日々徹底して**お父さん、お母さんが率先垂範することこそ肝要となります**。

立腰では、常に型を求めます。型を美しく整え、その型とか態度の持つ精神を心の中に刻み込みます。これが躾教育の根本です。写真で見て頂いた通りです。

ここで心すべきは、型を求めることに上回るほどの**愛情を注がなければならない**ということです。

そうでなければ「型つくって魂入れず」になりますから、要注意です。

森信三先生（後述）は「心の中心は情である。知は情の体系化であり、意志は情の持続である」と言われました。

子どもの心の中心に、情があるかどうか、分かりやすく言うなら、お子さんの心が愛で満たされているかということです。

親や先生に**愛されている実感があり、親の情がお子さんにかよい合う躾でなくてはならないということです。**

「立腰は人間の一生において一番大事なことである」ということを語り、腰骨が曲がっていたら、後ろから黙って手を当て、なでてやります。一切小言を言わないで子どもが振り返ったら微笑んであげます。その実感を子どもに持たせるこ

１歳児　触診を受ける

とが大切な要素となります。

話す時は子どもの目線に合わせる――上から目線では、心は通じません。（目線を合わせるとは、目の高さを同じくして、きちんと相手の顔と向き合うことです）

子どもに型を整えさせる時、笑顔を忘れず、心を込め、心を尽くし、心の思いを伝えるのです。愛情を込めて、そっと触れるだけで充分です。このつみ重ねで、親（保育士）の愛を無言で感じとり立腰の型も次第に整っていきます。

――家庭では親が、食事の時（椅子に座っている時）や寝床前等で実践するといいですね。それが習慣化、生活化のコツと言ってよいでしょう――

●立腰の功徳十ヵ条

1、やる気がおこる
2、集中力がでる
3、持続力がでる
4、話を最後まで聞くことができる
5、内臓の働きがよくなる（内臓を圧迫しないで全解放）
6、頭脳《あたま》がさえる
7、行動が俊敏になる
8、バランス感覚がするどくなり、相手を思いやる心が育つ
9、十歳以降から自分の決めたことをやり抜くようになり、自分らしさが出てくる
10、本番に強い人に成長する

親としては、いずれも愛してやまないお子さんに身につけさせたい内容と思いませんか。

そのポイントは、**親がまず率先垂範、見本を示すことです。**

それでは次に、躾の三原則について説明します。

③躾の三原則を生活化、習慣化すると人間として最低の礼儀と品格の土台ができる

●躾の三原則

一、挨拶は自分から先にする
二、返事はハイとはっきりする
三、はき物を揃える　席を立ったら椅子をいれる

行う内容は、本当に難しくありません。実践することで、お子さんに一生涯の財産をプレゼントできます。

それではその効果や意味を個々に説明していきます。

５歳児　登園時　挨拶と触診を受ける

一、挨拶は自分から先にする効果「円満な対人関係の土台を作る」

人からではなく、自分から先に挨拶をする習慣化で円満な対人関係の土台を作ります。

社会に出て、多くの人が抱える問題は人間関係です。人間関係で悩み苦しんでいます。

ネット社会で、人間対人間が顔を合わせないで済む場合もありますが、どんなにネット社会が進もうが、最終的には人間対人間の関係は避けて通れません。

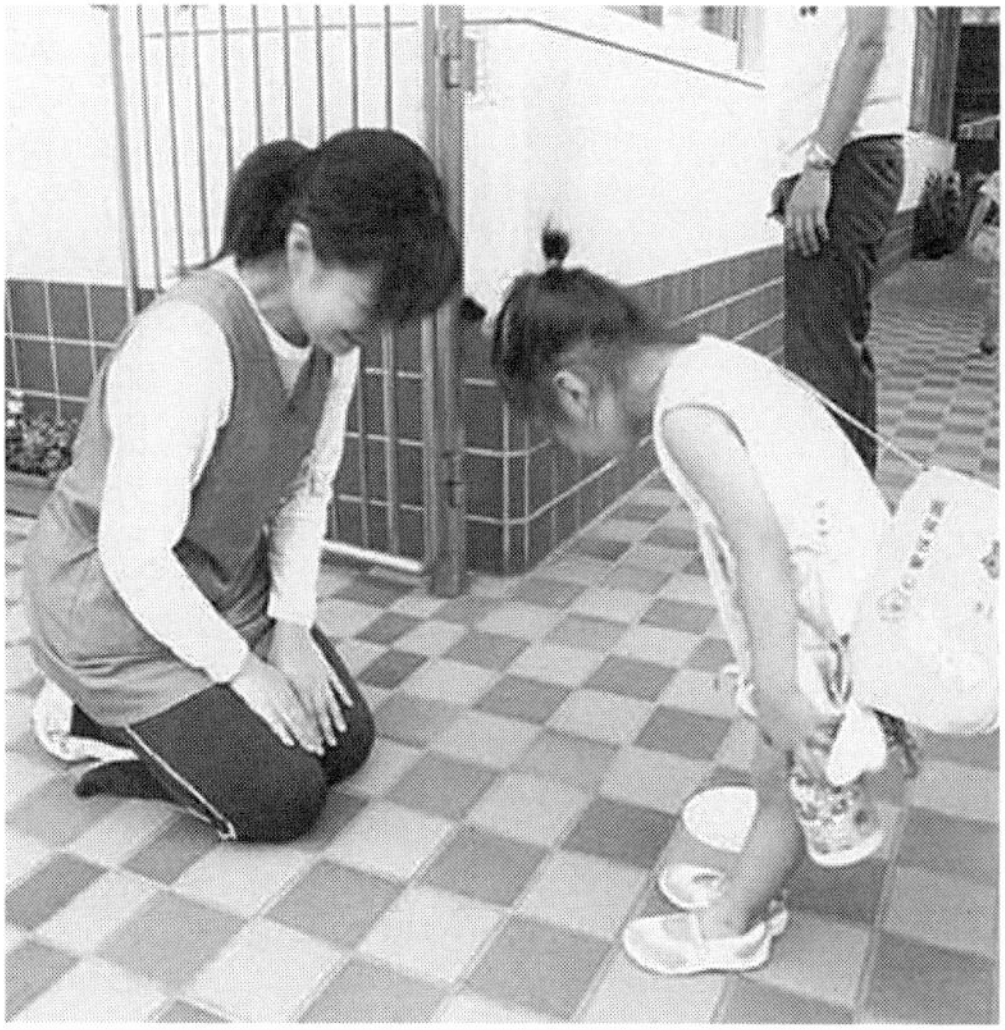

3歳児　登園時の挨拶

むしろ、そういう時代だからこそ、人間対人間の関係が大切だと思います。避けて通れない人間関係を円満にできれば、協力者、仲間が増え、人生を豊かにすることができます。

そのためには、まず自分のほうから心を開くことです。**自分から先に挨拶をする**ということなのです。自分の心を開くと共に相手の心の扉を開くということなのです（朝お子さんを起こすとき、「おはよう」「おはよう、朝です」と明るい挨拶の声で起こしましょう）。

二、返事はハイとはっきりする
効果「素直な心と行動力が身につく」

ここで大事なのは、親（相手）から名前を呼ばれたら、「ハイ」といって親（名前を呼んだ人）のほうを向くということです。

この振り向くという動作が、とても大事です。

顔（体）を向けるということは、**瞬時に自分の我《が》を抜いて**、相手の話を素直に聞くという態度の表れだからです。

声をかけたほうも、振り向いてくれたほうも、自分の存在を認めてもらえたことになり嬉しいですね。

ですから、これを習慣づけることで、素直な心と行動力が身につくわけです。

これは親子でも夫婦でも、先生と生徒でも、社長と社員でも、親方と弟子でも、全部同じと思いませんか。

呼んでも振り向いてもくれないというのは、呼んだ人に心が向いていないので、呼んだ人を無視したことになります。

２歳児　発表前の挙手

そうされた子どもは、心にぽっかりと穴を空けてしまいます。

お母さん、お子さんに心を振り向けてください。

コップを下向きにしていたら何も入りませんね。

心のコップを上向きにして、「素直に聞きます」という気持ちで、「ハイ」と言いましょう。

子どもに躾ける一番の方法は**親が見本を示すことです**。

お母さんが「ハイ」、お子さんも「ハイ」、家族みんなで「ハイ」、「ハイ」と返事をする行為の中に、素直な心と行動力と清々《すがすが》しく調和した家風が生まれます。

実践することで、凄い真理が含まれていることを実感するでしょう。

三、はき物を揃える　席を立ったら椅子をいれる効果「ものと心の両面の閉《し》まりが身につく」

はき物を揃えるのは日本流、席を立ったら椅子をいれるのは西洋流と、森先生はおっしゃいました。

外から帰ってきて玄関で自分のはき物を右左揃えてあがります。席を立ったら椅子をさっともとにも戻して部屋を去ります。

これができるのは、自分の意識が働くからです。

意識がなければ、はき物を揃えることも椅子を入れることもしません。はき物を揃え、椅子を入れることで、けじめのある意識（心）を育てるのです。

この意識を積み上げ、はじめと終わりのけじめ、ものと心の両面の閉《し》まりが身につきます。

1歳児のクツ箱

2歳児　トイレのスリッパを揃える

●例外をつくらず日々続ける

どうですか。この躾の三原則のシンプルな型を、例外をつくらず日々続けていくうちにその**型の奥にある精神を涵養《かんよう》し、人間としての最低の礼儀と品格の土台**が培われるわけです。

実践したら、本当によいものをお子さんにプレゼンとできると思うでしょ。それを可能にするのは、実践あるのみです。

玄関のはき物、トイレのスリッパ等、母親が気付いて黙って揃えておくことを続けてください。

以上立腰と躾の三原則は、森信三先生の人生観（哲学、宗教、学問が融合している）が、人間形成の原点づくりとして結晶したものです。

親としては、「本当にこれだけでいいの？」と、思うかもしれません。大丈夫です。**徹底することで**、その人を、人間として軌道に乗せる基盤ができます。

それが「三つ子の魂」となって、生涯、お子さんの人生を瞬時、瞬時、支えてくれることになります。まさしく生涯の財産を与えたことになりますね。

立腰を含めて躾の三原則は、**乳幼児期から小学校入学以前までに徹底して習慣化、生活化しておきましょう。**

正しい挨拶ができ、「ハイ」と言って人の話が聞けて、よそを訪問したとき、きちんとはき物を揃えてあがることができる。そんなお子さんの姿を思い浮かべてください。なんと気持ちのよいことでしょう。

どこの社会に出しても恥をかかない大人に成長されます。

そのポイントは、保育園では先生が、家庭では親が、とくに母親が、率先してずーっと続けてくださると、子どもは親の真似をしますから、自然と生活化され身についていきます。

●共感して喜びあう

「立腰と躾の三原則」を両親が子どもと一緒に実践することで、親子のコミュニケーションができ、絆も培うことになります。

子どもが実践したら、褒めてやります。

褒めるほうも、褒められるほうも嬉しいものです。

親子で実践し共感して喜びあうことが、生活化する、習慣化する最大のコツです。これ以外に定着する方法はありません。

親、大人、教師、保育士が率先垂範で積み上げていくのです。

その意味で、お子さんにとって親は、最大の環境です。

その自覚が親にあれば、実践し続けられます。

お母さんに負担をかけるようですが、お子さんの将来を見据えて、是非とも立腰と躾の三原則を実践してみてください。

必ずや家庭の中が明るくなるでしょう。

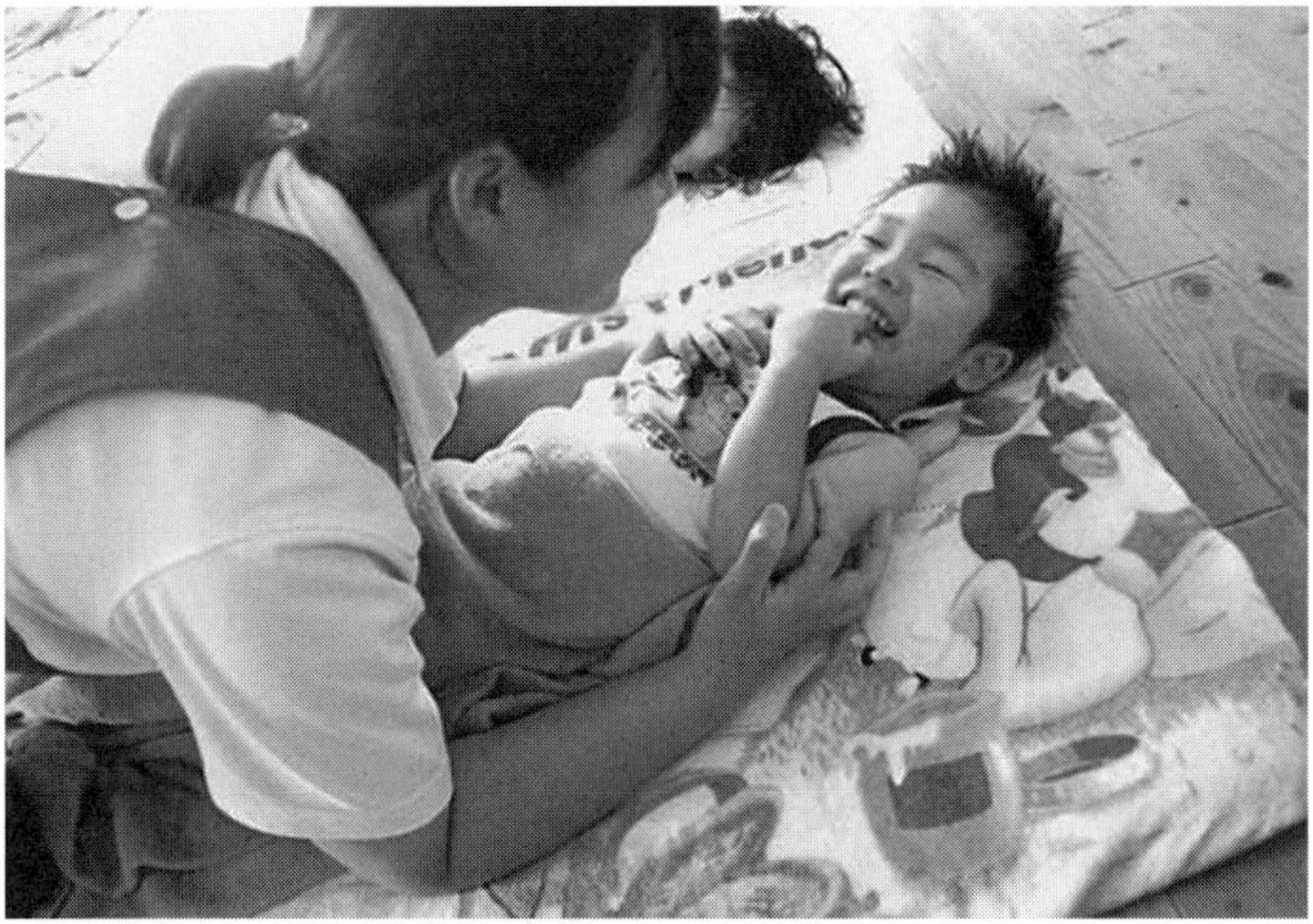

３歳児　昼寝の前（貴男が大好き…）

5歳児　毎朝の坂道かけっこ

2歳～5歳クラス混合　朝会時のお遊戯

二、学問を軌道に乗せるための基盤づくり

家庭学習の土台（学問への躾）

家庭学習の土台づくりは、さすがに教育者であられる森信三先生らしいご指摘です。家庭学習の土台づくりとして、家庭で学習する、復習するのはあたり前という感覚を身につけるように躾けなければなりません。

① 国語の本を毎日朗々と声を出して読む

・国語の本を堂々と自信を持って読めるようにしましょう。
・それには親が聞いてやったり、一緒に読んでやったりしましょう。
・**一年〜三年生まで**に出てくる漢字が全部読めるように、親が付き合うことがとても大切です。
・国語の本を読めるというのは、学習の最も大事な土台です。

国語は全ての教科の基礎になりますから、とくに重要です。文字がちゃんと読めなければ、問題を解くにも解けないからです。

学習のクセがつくまでは、お父さんかお母さんか、一週間に一回でも、毎日でも、付き合ってあげましょう。いまどこを習っているかを確認しながら、子どもと読み合って、朗々と読めるようにして自信を持たせます。

子どもがつまずいたら読み方を教えます。

漢字の練習もまた、ノートに何べんか書くことで覚えていきます。親が子どもに付き合いましょう。子どもはすぐに覚えます。

翌日学校に行くのが楽しみになります。さらさらと読める自信がついていますから。

小学校三年生までに出てくる漢字を全部読めて書けるようにしておくと、だいたい大きな基礎がそれに含まれていますので、あとは応用でできるようになります。

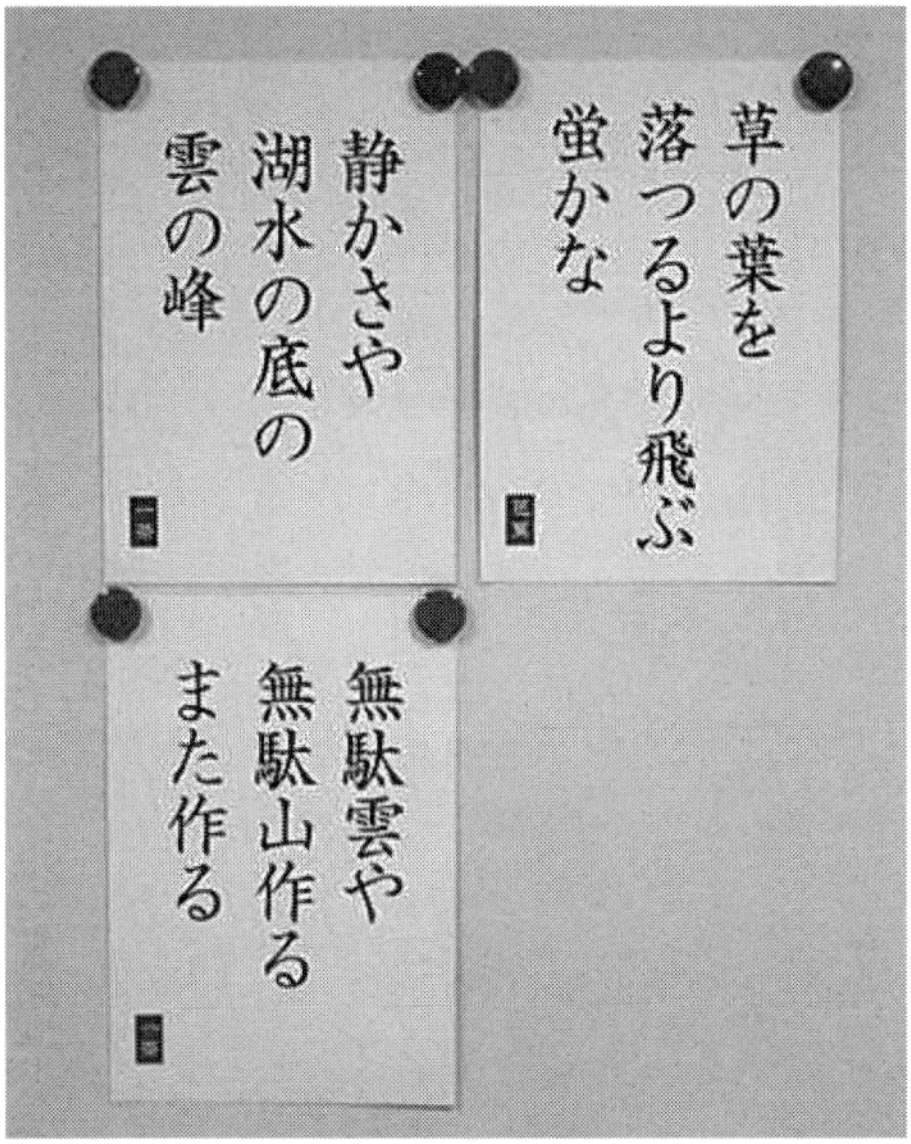
草の葉を
落つるより飛ぶ
蛍かな
静かさや
湖水の底の
雲の峰
無駄雲や
無駄山作る
また作る

季節の俳句を朗読する

②　算数の土台づくり

・**二年～四年生の三年間**の算数の本に出てくる問題は、全部解けて分かるように親が付き合ってやる。一緒に考えてやることです。
・第二の基礎づくりは、分数が分かるようにすることです。

分数までできるようにしてやること、分数がわからないままで中学校に送りこまないことです。

本来は親が週一回か二回付き合ってやれば子どもは記憶力が優れているので覚えます。

学校は勉強するところであり、自宅学習をするのは当たり前という感覚を小学生低学年の時に培っておかなければなりません。

①と②の基礎固めができると、その後は、その人の天から授かった能力を発揮できる子になります。

③中学生以降は、「勉強しなさい」と言わぬこと

・しぼった目標を立て、それだけはやり抜かせることです。

褒めて励ますことを親自身が貫いていくことです。中学生以降は、褒めて励ます親になる以外にありません。

目標を持ってやり遂げさせるというのは、習い事とか塾に行くのもよいでしょう。親が共感してやり抜かせることが大事です。

第三部　保育園編

一、保育園の役割、あり方

重要性を増す保育園の役割

●大事なのは子どもの生涯を見据えてよりよく成長するための基礎づくり

子育て支援が叫ばれています。子どもが立派な人間、立派な日本人に育つための支援なら大歓迎です。

本来の子育て支援は、子どもの「よりよき成長」のためにあるべきです。しかし現在の子育て支援は、働くお母さんのための支援という言葉の裏に、子育てをお母さんの手から解放する（取り上げる）という考えが潜んでいるように思われます。

現実、子育ては時間をとられ、思うようには、なかなかいかないものです。しかしまた、何にも代えがたい喜びがあるのも事実です。

支援で大事なのは、頑張っているお母さんが、育児の喜びを感じ、その喜びで親も成長するという視点ではないでしょうか。

その視点で保育園を見てみると、子どもの成長を通して、お父さん、お母さんに沢山の喜びを提供できます。

親子共々、家庭では体験できない集団での行事に参加し、楽しく学び合う思い出ができます。

幼き頃の親子でつくる思い出は生涯の財産になります。

ただ単に、子どもを預けるための保育園ではなく、預ける以上、家庭でできない部分を補う保育園であり、何より大切なのは「子どもがよりよく育つ基礎づくり」だと思います。

なお、外に出て働かない人は、社会の一員でないような風潮はとんでもない間違いです。専業主婦こそ子どもにとって

漢字かなまじり絵本の読み聞かせ

最高の存在だと思います。

しかし入学前の子どもを持って働くお母さんのために、保育園は不可欠なものであることも事実です。

●保育園の役割について

私の考える保育園の役割を箇条的にまとめてみます。

最も重要なことは子どもが本来持っている、成長する力、発達する力を生かしながら、子どもにより添い、大好きを伝えながら人間形成の礎石をつくることだと考えています。

・基本的生活習慣の確立

①立腰と躾の三原則の生活化

1歳児　合掌「いただきます」

②早寝早起き、朝ご飯の習慣化
③衣服の着脱
④排泄の自立
⑤食事のマナーを身につける
⑥小学校入学前に備える「知、情、意」の調和のとれた活動を体験させる

・自尊感情を育てる体験

①愛されている嬉しさの実感ある関わりと親子の絆を培う行事の実施
②公平さに貫かれた関わりで、他人と自分を信じる心を培う
③決めたことを最後までやり抜かせ、完成度を高めていく行事の体験で自信を育《はぐく》む
④終了後の達成感、感動体験を友達と家族と共有し良き思い出づくりをする
・人間教育の本質とも言うべき自尊感情は、感動を通して育まれていくものです。親子で感動する、友達と共感し合う、達成感で自分に感動する等、乳幼児期から感動体験をつみ重ねさせる場が保育園の役割であります。

・入学後の学問を軌道に乗せるための躾をする
①時間を守る（遅刻をしない）
②忘れ物をしない
③約束を守る（ルールを教える）
①五十音が読めて、書けるようにする
⑤「30」くらいまでの数の概念を知らせる
⑥読書の習慣をつける

等々、入学前に家庭と園との二人三脚で習得させなければならない役割があります。

●保育園を活用するには

今は保育園をうまく活用すべき時代になっています。ただし預ける時間は長くないほうがいいでしょう。幼稚園が遅くとも午後二時となっているのは正しいと思います。

保育園は、子どもが初めて出合う社会であり、学びと緊張と疲れもあるはずです。昼間の数時間、親と離れて、子ども集団の中で過ごし、午後からは家庭で親子で自由に過ごすことが理想的ですね。

夕飯だけは親子で食べられるようにしたいですね。夕飯の買い物を子どもと一緒に行ける余裕と、一緒に夕飯づくり（手伝い）ができる生活ができたらいいですね。

最近のご家庭を見ていると夫婦とも忙し過ぎて、大人が家庭で落ち着く時間が少な過ぎます。とくに母親が仕事をしたうえに家事の負担までありますからね。

母親の仕事こそパート。できたら午前中くらいにして、子育てのために仕事につく時間を短くしたいですね。

次に、入園させる園を親は選んで欲しいと思います。親の人生観、思想に賛同できる園を探してください。

「仁愛畑」の収穫

●社会のルール、規範意識を育てる

保育園に預けることで、集団でしか学べないものがあります。自分を人に合わせる。並び方一つにしても、自分だけ勝手なことをしてはいけないことを学びます。社会のルール、規範意識というものを育てます。集団でそれは身につきます。

それと、早くから沢山の言語活動、身体活動（運動）を体験し習得します。家庭では、それがなかなかできません。

それにバランスのとれた給食と食事のマナーも身につけます。それらをちゃんと教えてくれる園を選ぶといいですね。食材を選んでくれる保育園が理想です。

預ける時間については、前にも述べましたように午前中とか、お昼ご飯を食べ終わるまで――昼寝は自分の家でする――とか、保育園に預ける時間を短くし、親子が関わる時間を長くするよう心がけるのです。

そのように保育園を利用すると、心身共に調和のとれた子育てが展開できると考えます。

一人のお子さんを家庭と保育園の二人三脚で育てることになりますが、これがうまく作用すると凄くいい子育てになります。

母親が働いている働いていないにかかわらず、四時間とか五時間、保育園に預けられる権利を子育ての親に与える。使う使わないは、その親が決める。そういう制度こそ私はいいと思っています。

どうしても用があって預けなければならないときに利用できるようになります。

大切なのは、親は預けっぱなしにしないことと、保育園ばかりに頼らないという心構えです。

砂場　大好き

「子育ては両親の責任である」という自覚を持った中で、保育園を活用する子育てこそ、「今」もこれからも必要であると考えます。

●基本をしっかり　後は大目に

「立腰と躾の三原則」を各家庭でしっかりと実行して、後は優しく、ものの道理を子どもと語れる親でありたいですね。

後かたづけなどは、親が一緒にかたづけてやるとか、ご飯を残したからと言って、ぎすぎす怒らないことです。本当にお腹がすいてくれば、子どもは食べます。

沢山躾をしなくても、躾の基本中の基本ができておれば、あとは大目にみてもいいのです。その基本中の基本が「立腰と躾の三原則」なのです。それは心身の垂直線（軸）ができているから、これが機軸となって様々なものを正しく吸収し成長するのです。

保育園は家庭の延長と私は捉えています。

躾（三つ子の魂づくり）で保育園と家庭に共通のものがあるということは、まさしく二人三脚の子育ての具現化であり、社会に開かれた子育てと言えます。

それが現在に求められる保育園のあり方だと思っています。

二、仁愛保育園　立腰《りつよう》教育の展開

森信三先生との出会い

●深刻な模索

昭和四十六年四月趣味的な気持ちが半分ありまして乳児保育園を開設しましたが、趣味的な気持ちではとてもやっていけないことがすぐに分かりました。当初「笑顔で明るい元気な子ども」という目標を掲げて、笑顔で気持ちよく挨拶をして、お母さんが安心して働きに行けるように努めました。しかし子どもたちの自由奔放に遊ぶそのバイタリティーとエネルギーに振り回される日々を送っていました。

昼間母親に代わって関わっていく保育園、子どもたちにとっては人間の基礎ができていく大切な時間を「今だからこそ絶対に与えておかなければならない事柄」を求めて悩んでおりました。

例えば静かに話を聞かなければなりませんが、その話を聞かせるときの収拾に大変手こずってしまい、一日ばたばたと過ごす、流されの保育に陥《おちい》っていました。

子どもたちの元気な活動と日々の生活を通して人としての土台づくりをしなくてはならないと思いながらも、その方策が分からず、自分の無力さへの反省と悩みと模索が深刻化するばかりでした。

●「ひとつひとつの小石を積んで」

悩み続けて三年間。四年目を迎えようとしていた頃の話です。私は今福岡に住んでいますけれども、以前熊本に住んでいました。昭和四十九年三月十五日、能本の実家に帰りまして、義父から『一つ一つの小石をつんで』という本をいただいたわけです。それを、福岡に帰ってくる汽車の中で読みました。この中にすべて私への解答が書かれていたことに大変な感動を覚えました。

そしてこういうことを教えてくださる先生が現実日本にいらっしゃったんだという喜びで、そのときの感動は言葉に尽くせないものがありました。

この本は絶版（その後、実践人の家より復刻されています）になっていますが、その序文を読んだだけで全身に電流が走るような感動を覚えましたので次に掲載致します。

われわれ日本民族は、今や、「第二の明治維新」ともいうべき巨大な変革を、しかも全世界的な連関の中において迎えようとしつつある。しかも民族の現状をかえりみるとき、果たしてこれが乗り切れるかどうか、何人《なんぴと》も衷心より憂慮の念を禁じ難いであろう。それほどまでに民族の現状は弛緩《しかん》の極に達し、まさにどん底に陥っているといってよいからである。

ではこのような現状に対して、一体いかなる対策があるであろうか？　これを一言でいえば、結局「人間形成の原点」に立ち返り、そこから根本的に出直すほかないであろう。そしてここに「人間形成の原点」とは、これを具体的にいえば、いわゆるしつけの問題であって、今や、我が民族は、このようなしつけの「原点」に立ちかえり、そこから根本的な再出発をするほかないであろう。けだししつけとは、人間形成の「礎石」の意味だからである。

ところが、世上いわゆるしつけに関する書物を見るに、あるいはいたずらに事例の羅列に終始し、あるいは単なる形式的な主張にとどまり、真に不動の確信に立って、的確《てきかく》にその方法を明示したものは、意外に少ないようである。

よってこの書では、しつけの秘訣は結局、

①「朝のあいさつ」
②「ハイという返事」
③「ハキモノをそろえ、椅子を入れる」

という三大原則を徹底するほかなしとの確信に立って、実際的に、しかも徹底的に、その方法および理論的根拠を明らかにしたものである。したがってこの書は、外形的にはまことに微々《びび》言うに足りないものではあるが、哲学者としての著者の人生観が、しつけという角度において結晶したものといってよいであろう。

最後に書名を『一つ一つの小石をつんで』としたのは、しつけというものは、お説教などによってできるものでは断じてなく、文字通り一つ一つの小石を積むような心がけで、丹念に積み上げてゆくほかないものだ、との意を、明示したいと考えてのことである。

昭和四十八年三月　森　信三

●実践の効果が次々と現れた

私は、これだと思い、早速保育園で実施してみました。

職員会を開くたびに、先生方から、

「実践すればするほど子どもたちはよくなる」

「保育がしやすくなる」

「話をちゃんと聞いてくれるようになった」

「計画保育が全部スムーズにいくようになった」

等々、実践の効果が次々と現れたのです。

それ以来、仁愛保育園では、「立腰と躾の三原則」を保育の柱に据えています。どんなに時代が変わっても、この実践は変わりません。

それは、実践することで間違いなく子ども達が立派に育つからです。

年間、二〇〇組以上の見学者が仁愛保育園を訪れますが、「立腰と躾の三原則」の教育効果の大きさに一様に驚かれて帰られます。

これを、可愛いお子さんの、人間形成の礎石づくりとして、ぜひご家庭で実施してほしいのです。


それから約十五年、「立腰と躾の三原則」の取り組みと成果をまとめた『腰骨を立てます!!　仁愛保育の歩み』を昭和六十三年五月に発刊することになり、幸いにして森信三先生からその序文をいただくことができました。

身に余るお言葉に、気が引き締まると同時に、その責任の大きさを強く感じました。その思いは今も変わりません。以下、その序文です。

昭和63年５月発刊
著者　石橋富知子

石橋富知子著

『腰骨を立てます!!　仁愛保育の歩み』

序

森　信三

〝日本一の保育園の記録、ついに成る〟の感に堪えません。
仁愛保育園とは、道縁浅からず十五年間に、前後五たびも訪ねております。
思えばこの仁愛保育園の十五周年の歴史は、明治維新以来のわが国教育史上、いわば最根本の基盤を示すものとして、心深き識者のために、どうしても残さねばならぬものと希っておりましたが、遂にその心願が、今日ここにその完成を見るに至ったことは、これ全く神天の御心と申す他ありません。

ではこの仁愛保育園の真髄に触れるにはどうしたら良いかというに、それは予め先方と打ち合わせた上で、朝の八時までに到着してその朝会を見せて頂くことであって、その一瞬!!、如上《じょじょう》わたくしの申したことの一切は必ずや体感されるでありましょう。

ところでこの様な特色をもつ「仁愛保育園」は如何にして出来たかと申しますと、その中心はひとえに、園長たる石橋富知子女史の卓抜な資質によるものであって、この人の天与の資質が、わたくし自身の教育観と符節を合するように適合したが故と言う他ないでありましょう。

ではそれは何かと申しますと、その教育の最根本には「立腰」すなわち腰骨《こしぼね》を立てるという一事をすえ、それに加うるに、「しつけの三原則」即ち

①朝、人にあったら必ずこちらから朝のあいさつを、次に、

②人から呼ばれたら「ハイ」という返事を、そして次に

③ハキモノを脱いだらこれを揃え、立つ時には必ずイスを入れる。

以上しつけの三原則が当保育園における教育の根本基盤になっております。なおかつ、その上に、

一、場を浄め
二、時を守り
三、礼を正す

という人間社会の根本原則を、忠実によく厳守し、保育教育に当っております。このように、（一）根本の「立腰」を中心に、（二）しつけの三原則、

朝会時の行進

そして最後の仕あげが、㈢人間界の根本的三原則というわけで、それを０歳児からの入園児に対して、如何に実施するか、その一々の細やかな配慮と対策について、詳しくその内容を明示したのが、すなわち本書の一巻であって、まことに、園長が自己を賭けて保育教育に尽力したその成果の総てが語りつくされているると申せましょう。

森信三先生（明治二十九年生～平成四年没）――国民教育の師父と仰がれた教育哲学者――沢山ある躾の中から「人間を人間として軌道に乗せる」、最も重要なものとして絞り抜いて提唱されたのが「立腰と躾の三原則」です。

三、仁愛保育園の実際

森信三先生から頂いた『腰骨を立てます!!　仁愛保育の歩み』（石橋富知子著）の序文は、私の宝物であり励ましになっております。

また「立腰と躾の三原則」の重要性を世に伝えることが、先生の心願にお応えすることであり、私の使命でもあると思っております。

●デイリープログラム

仁愛保育園では、人間を軌道に乗せるための基礎づくりとして、仁愛習得目標に向って、一日一日を大切にした保育を行っています。

その一日の活動内容をまとめたのがデイリープログラムです。

ここでは、０歳児（月齢によって保育内容は異なります）、一歳児、二歳児・三歳児、四歳児・五歳児と四つにわけて紹介します。

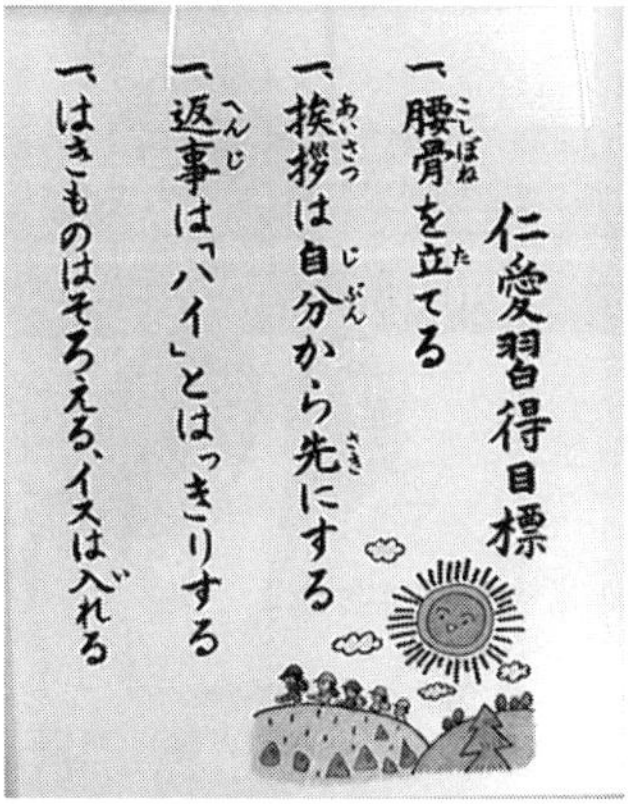

園から一人一人に贈られる卒園記念品（額）

ひよこ組（0歳児後期）デイリープログラム

平成24年４月現在
☆０歳児の保育内容は月齢によって異なります。

時間	活　　動	内　　容
7：00	順次登園（早朝保育）	室内遊び
8：30	自由遊び	室内及びホール遊び
9：10	朝会	立腰・習得目標の朗読・行進・遊戯
9：30	休憩　〈排泄（トイレ）〉	
9：50	おやつ	牛乳摂取・水分補給 絵本や聞き浸り等
	朝の集い	歌「腰骨を立てて」 立腰・出席点呼・目指す人間像 天気の確認等
10：20	計画保育	戸外・室内・ホール活動 ☆月曜…生活指導 手遊び等
	〈排泄（トイレ）〉	
11：20	昼食「いただきます」 （40分摂取）	
12：10	「ごちそうさま」	着替え・午睡準備
	自由遊び 〈排泄（オムツ交換）〉	室内及びホール遊び
12：50	午睡	立腰・机間巡視 「雨ニモ負ケズ」の朗読

時間	活　　動	内　　容
15：00	起床　　〈排泄（トイレ)〉	着替え
15：20	おやつ「いただきます」 「ごちそうさま」 帰り支度 〈排泄（オムツ交換)〉	立腰 着替え
16：00	帰りの集い 順次降園・自由遊び	立腰 園歌「花山お空」 室内遊び
16：50	片付け・移動	
17：00	居残り計画保育 自由遊び	トーキングカード 紙芝居・絵本視聴等　その他 ブロック遊び等自由活動
18：00	延長保育 （全クラス合同保育) 〈排泄（オムツ交換)〉	
18：40	おやつ「いただきます」 「ごちそうさま」	
19：00	自由活動	絵本・ビデオ視聴 歌遊び等
20：00	閉門	

りす組（1歳児）デイリープログラム

平成24年４月現在

時間	活　　動	内　　容
7：00	順次登園（早朝保育） （排泄）	室内遊び
8：40	自由遊び	ホール遊び
9：10	朝会	立腰・習得目標の朗読 行進・遊戯
9：30	排泄・手洗い	
10：00	おやつ	牛乳摂取・水分補給 絵本や聞き浸り等
10：20	朝の集い	歌「腰骨を立てて」 立腰・出席点呼・天気の確認等
10：30	計画保育	戸外・室内・ホール活動 ☆月曜…生活指導・英会話
11：10	排泄・手洗い	手遊び等
11：30	昼食「いただきます」 （50～60分摂取） 「ごちそうさま」 自由遊び	着替え・午睡準備 ホール遊び
12：55	床につく	
13：00	入眠「おやすみなさい」	立腰・机間巡視 「雨ニモ負ケズ」・俳句の朗読

時間	活　動	内　容
15：00	起床　　排泄・手洗い	着替え
15：20	おやつ「いただきます」	立腰
15：45	「ごちそうさま」	
		身だしなみの確認
16：00	帰りの集い	立腰・目指す人間像
		四つの願い・園歌「花山お空」
	帰り支度・順次降園	
	排泄・自由遊び	
16：50	片付け・移動	
17：00	居残り計画保育	トーキングカード
	(20分程度)	紙芝居・絵本視聴等
	排泄	ブロック遊び等自由活動
18：00	延長保育	
	(全クラス合同保育)	
	排泄・手洗い	
18：40	おやつ「いただきます」	
		絵本・ビデオ歌遊び等
19：00	自由活動	
20：00	閉門	

ひばり（2歳児）・かなりあ（3歳児）のデイリープログラム

平成24年4月現在

時間	2歳児（ひばり）の活動	時間	3歳児（かなりあ）の活動
7：00	順次登園（視診触診） 早朝保育 （排泄）	7：00	順次登園（視診触診） 早朝保育 （排泄）
8：30	縦割り自由活動	8：30	縦割り自由活動
9：10	朝会（4月ホール） （5月より外）	9：10	朝会
9：50	休憩・おやつ（排泄）	9：30	休憩・水分補給・排泄
10：20	朝の集い 計画保育	10：00	朝の集い（机間巡視） 計画保育
	手洗い・排泄		手洗い・排泄
11：30	昼食 （40～50分摂取） （5月から戸外遊び）	11：40	昼食 （30～40分摂取） 戸外遊び
12：35	午睡準備・排泄 ・立腰（机間巡視） ・「雨ニモ負ケズ」朗読	12：40	午睡準備・排泄 ・立腰（机間巡視） ・「雨ニモ負ケズ」朗読
13：00	午睡	13：00	午睡

時間	２歳児（ひばり）の活動	時間	３歳児（かなりあ）の活動
15：00	起床　　排泄・手洗い おやつ 帰り支度	15：00	起床　　排泄・手洗い おやつ 帰り支度
16：00	帰りの集い	16：00	帰りの集い
16：20	排泄 室内自由活動	16：20	排泄 室内自由活動
16：40	順次降園（視診触診） 休憩・水分補給	16：40	順次降園（視診触診） 休憩・水分補給
17：00	居残り保育 （２・３歳児合同保育） 排泄	17：00	居残り保育 （２・３歳児合同保育） 排泄
18：00	延長保育 （全クラス合同保育）	18：00	延長保育 （全クラス合同保育）
18：40	排泄・手洗いおやつ	18：40	排泄・手洗いおやつ
20：00	室内自由遊び 排泄 閉門	20：00	室内自由遊び 排泄 閉門

はと（4歳児）・きりん（5歳児）のデイリープログラム

平成24年４月現在

時間	4・5歳児（はと・きりん）の活動	時間	4・5歳児（はと・きりん）の活動
7：00	順次登園（視診触診）	15：00	起床　　排泄・手洗い
	早朝保育		おやつ
	（排泄）		
8：30	縦割り自由活動		帰り支度
		16：00	帰りの集い
9：10	朝会		
		16：20	排泄
9：30	休憩・水分補給・排泄		室内自由活動
10：00	朝の集い（机間巡視）	16：40	順次降園（視診触診）
	計画保育		
			休憩・水分補給
	手洗い・排泄	17：00	居残り保育
11：50	昼食		（4・5歳児合同保育）
	（4歳…25～30分摂取）		排泄
	（5歳…25分摂取）	18：00	延長保育
	戸外遊び		（全クラス合同保育）
	（5歳児は13時まで）		
		18：40	排泄・手洗いおやつ
12：45	午睡準備（4歳児のみ）・		
	排泄		室内自由遊び
	・立腰		排泄
	・「雨ニモ負ケズ」朗読	20：00	閉門
13：00	午睡（5歳児は自由活動）		

大人を仲介として躾がなされる

●仁愛習得目標四つの実践内容

生涯教育の出発点に立つ子ども達、人間形成の原点期に当たる乳幼児期（0歳～就学前）のおさな子達を、朝七時から夕方六時、延長保育は二十時まで、一日の大半をお預かりして立腰教育を展開している子ども達の生活現場であり、社会であり、大きな家庭でもあるのが仁愛保育園です。

日々成長しながら大きくなっていく子

0歳児、1歳児　朝会の整列

ども達ですが、しかしその本質は、自由奔放に動き回り、自己中心的で、自分の言動に対し、回りの大人がどう対応するかを鋭くうかがい試しながら、善悪の判断の基準を身につけていくという極めて知的な存在の子ども達です。

この子どもの本質を知って、人間としての礼儀や道理の分かる大人になっていく土台（礎石）を、培ってやるのが園の最大の責務であると考えています。

それを果たせる、具体的実践内容が、仁愛習得目標の四つです。

四つとは、今まで述べてきた「立腰《りつよう》と躾の三原則」です。ここで大事なのは**大人を仲介として躾がなされる**ということ

2歳、3歳、4歳、5歳児クラス　朝会の整列

です。

我が子は親の鏡であり、園児は園の鏡であります。

仁愛保育園は昼間の親として、心をこめて、「立腰と躾の三原則」の実践を展開しています。

●立腰と躾の三原則が最優先

仁愛は、立腰と躾の三原則が最優先になっています。

音楽活動をしている、英語をやっている、漢字絵本を使っている、フラッシュカードをやっている、それは立腰と躾の三原則を例外をつくらず全クラス実践し、その余った時間にやっているというのが仁愛保育園の姿です。

それが逆さまになってはいけないと私は考えています。

人間としての礎石づくり、健全な日本人として軌道に乗せる基礎基本の躾の上に知的発達、情操を育む活動が加わってこそ、心身ともに健康な子育てができると思っております。

それを図式化したのが次に示す樹木です。

●仁愛保育園のテーマ
～根を養えば樹は自ずから育つ～

環境その1
『大好きを伝え合う』
職員の姿勢

人権の視点を押さえた「愛敬の精神」を基調とし、生涯を見通して型を通した躾と、知・情・意の調和のとれた保育環境を通し、人間形成の礎石づくりをします。

仁愛　目指す人間像
人に親切にできる人
人に迷惑をかけない人
自分からする人
立腰で主体性
(意志力、集中力、持続力、実践力)
を培う
躾の三原則
〈人間としての品格、礼儀の土台を培う〉
1、挨拶は自分から先にする
2、返事は「はい」とはっきりする
3、はき物は揃える、椅子は入れる

職員自らが立腰姿勢で子どもと一緒に行う

●立腰時机間《きかん》巡視の要領

ここで仁愛保育園における椅子での立腰のやり方を紹介します。

（1）先生の合図で子どもと一緒に腰骨を立てます。

（2）腰骨を立てている子どもの真後ろから静かに背中に触れ、無言で先生の手のひら指先に魂と愛を込めて腰骨を前のほうに突き出してやります。次に肩（張り過ぎて力が入っていないか）、頭（頭がふらついたり、あごが出すぎたりしていないか）を正してやります。

※約五分以内で全員の子どもに机間巡視できることが望ましい。

（3）巡視が終わって先生も瞑目で前に座り、三〇秒くらいで合図をし、「ハイ！目を開けます」で全員と目を合わせクラスの心を一つにします。

というようにやっています。

ではご家庭で――立腰のやり方やその意味は分かったとして――本当に立腰の実践で、人間形成の基礎ができるのでしょうか。あるいは、本当に人間形成に役立つのでしょうか。

と思われる親御さんもおられると思います。

具体的にどんな効果があるのか。実践者は前掲した「立腰の功徳十ヵ条」で述べている効果を上げています。

もちろん私は、自信を持って立腰をお勧めします。
※立腰は我が子を、性根《しょうね》の入った子にする「極秘伝」であることを確信しています。

5歳児クラス　立腰時、手先に愛をこめて机間巡視

●仁愛保育園の目指す人間像

仁愛の目指す人間像を、もう少し説明すると次のようになります。

一、人に迷惑をかけない人になろう
（主体性を持ち、自分の行動に責任を持って生きようとする人柄）
二、人に親切にできる人になろう
（自分の余力を、人のために使う人柄）
三、自分からする人になろう
（主体的に行動し、自分の力を発揮しようと努力できる人柄）

この三つの目指す人間像を育て上げるには、自分の軸となる基盤づくりが必要です。それが躾ということになります。その躾の内容が、立腰と躾の三原則です。保育園において、これらを実質あるものにする第一の環境は職員です。そして職員を育てるのが園長ということになります。

●園長は職員を励まし続けること

仁愛保育園を視察にこられる見学者からの質問で、一番多いのは「どうやって先生を育てていますか」です。

それが園長としての大事な役割ですが、人間の礎石づくりに「立腰と躾の三原則」は、欠くことのできないものであるとの園長の確固たる信念を、常に職員に伝えるようにしています。

志を共有するためです。共有するというレベルまでにいかないと、成果はあがりません。園長は機関車であり、その機関車が目指す的《まと》は、立腰と躾の三原則を一人一人の子どもの生命《いのち》に溶けこませることです。

それを実現するには、職員と園内研修を積み上げていくことです。

最低一ヵ月に一～二回は行います。

同じ教育方針の内容をくり返し、くり返し、三十八年間、これを積み上げてきて、それなりに**課題が見つかります**。同じ事をしていても、0歳から六歳まで園児がいますので、その年齢なりに課題はあるものです。それは親も変わるし、時代も変わるか

職員研修

職員研修

らです。

ただし、子育ての原点・礎石づくりは、時代を問わず変わってはいけません。なぜなら人間の本質そのもの（心身相即的存在）は変わらないからです。

ねばり強くやり続けます。職員と確認しあい励ましあっています。「ひとつひとつの小石をつむような」丹念さで続けるしかありません。

その仁愛保育園の基本理念を実現するために「職場の三原則」と、それを受けて「職員の心得十ヵ条」があります。**子ども達に生涯の財産を与える誇りある仕事であるという自覚と信念を持って**貫いてくださるように励まし続けます。

「職員こそ最大の環境」であるからこそ、職員さんを励まし続け、その実践を評価してやるのが園長の役割です。

●仁愛　職場の三原則

（1）場を清める（空間の秩序、掃除の徹底）
（2）時を守る（時間の秩序、一期一会《いちごいちえ》の精神）
（3）礼を正す（人間関係の秩序、言葉を正す）

教育には「主体的な人間を育てる」使命があります。「場を清める、時を守る、礼を正す」ことこそ、主体的人間のあり方を的確に方向づけるものです。

人は空間、時間、人間《じんかん》の三間に生き、独りでは生きられません。

「**場を清める**」は空間軸の主体性です。人は大自然、天地の恵みに生かされています。常にこの自覚と感謝の気持ちで職場の整理整頓に心がけます。隅々まできれいに掃除します。

「**時を守る**」は、時間軸の主体性です。先人から与えられた、いのちや言葉や恵まれた文化を継承発展させ、伝達してこそ歴史の主体としての人間の命です。

このような意識の人は決して環境破壊や、資源の浪費はしないはずです。

合唱指導の職員研修

新規職員の立腰研修

「**礼を正す**」は、人間軸の主体性です。社会の一員として支えられ生かされている自覚と感謝をもって、誠実に仕事をします。

人間教育の現場である保育園は、安定した秩序とやすらぎと活気との調和が必要です。仁愛保育園では、「**職員こそ子どもたちの最大の環境である**」と考え、「職場の三原則」と「職員の心得十ヵ条」を、職員一人一人が主体的に実行し、仁愛保育園の環境と伝統を維持しています。

●仁愛　職員の心得十ヵ条

①腰骨を立てる――職場の三原則の実践と職員自らが手本を示しながら保育する（共に実践する）
②笑顔で明るい挨拶を自分から先に（心の扉を開く）
③目線を合わせて話す（共感を導き出す）
④言葉づかいを丁寧にはっきりと（幼児語を使わない）
⑤園児の名前は「さん」付けで呼ぶ（自覚を育てる）

一人一人が主役の発表会

立腰を軸に主役の花を咲かせる

⑥常に子どもたちと一緒に活動する（共に学ぶ姿勢を忘れない）
⑦自分の失敗ははっきりと認める（けじめある態度）
⑧長所を強調し認め、反復指導で忍耐強く導く（自信を持たせる）
⑨園児の問題行動の究明は、まず保育者や保護者の在り方を反省する（自省内観）
⑩生かし生かされに感謝の心をもち、今に全力を尽くす（感謝と報恩）

●愛敬の仁愛精神を保育の中に現実化する

子どもを愛し敬《うやま》うという愛敬《あいけい》の仁愛精神を保育の中で現実化するために

・目線を合わせて話をする
・言葉づかいを丁寧にする
・公平な関わりを貫く
・職員が率先垂範する
・職場の三原則を実践する

を徹底しています。

子どもを一人の人格者、神から預かったものとして関わります。

子どもは日々成長しながら大人になっていく存在であるとの自覚にたって、実社会に役立つ人間を育てるという志をもって接しています。

・今まで述べてきた習得目標を定着させるためのまとめ

①子どもを愛し敬う「愛敬の仁愛精神」で職員が率先垂範する
②心施で型を整える（心をこめる、心を尽くす、心を伝える）
③母性（優しさ、慈しみ）と父性（規範意識と厳しさ）の調和を図る
④園内研修を積み重ねる（現状把握、反省の視点、原点回帰と実践確認）
を実践しております。


卒園後、習得目標の型は、次第に破られていきますが、「ここぞ」と思うときに、自分で無意識に復活させながら、自分らしさを発揮しているようです。それを、卒園児が教えてくれています。

保育園での生活環境が「三つ子の魂」となっている証明です。

●誕生会の位置づけは

一つ、人間は神の一人子《ひとりご》として個性と使命を持って生まれてきていることの自覚。

二つ、神様に感謝する、育ててくれるお父さん、お母さんに感謝する日が誕生日です、と語り続けています。

この二つを押さえた上で、「お父さん、お母さんの子どもとして、産んで下さってありがとうございます」と言ってください。「あなたが生まれたとき、お父さんお母さんはどんな気持ちだったか。名前をどんな願いでつけたのか、そんなこと尋ねてみてください」と話します。

誕生会　０歳、１歳児　お祝いのカード渡し

誕生日は、親子で成長をよろこび合う日でもあり、プレゼントをもらったりするのが誕生日のお祝いではないと教えています。

●誕生日の歌

作詞　石橋富知子
作曲　石橋　知子

一、神の光に包まれて
今日《きょう》は私の誕生日
父さん母さんありがとう
大《おお》きくなります　光と共に
宇宙に広がる　私の心

誕生会　０歳児　お祝いのカード渡し

二、
皆の愛《あい》に迎《むか》えられ
嬉《うれ》しい私の誕生日
先生友達ありがとう
大きくなります　皆と一緒《いっしょ》に
宇宙に広がる　私の心

三、
日本の心受け継《つ》いで
生きよう腰骨《こじぼね》立てましょう
皆な神の子正しい子
大きくなります　理想を抱《いだ》いて
宇宙に広がる　私の心

誕生会　２歳、３歳、４歳、５歳児　お祝いのカード渡し

●国旗掲揚

仁愛から朝会を抜いたら骨抜きになってしまいます。仁愛が目指す人間像の基礎づくりが、できなくなるからです。

その一つとして、毎日「日の丸」を揚げています。月曜日だけは週の始まりなので子ども達が国旗掲揚をします。日本人としての自覚、心情、感覚を養うには、「日の丸」を見せるのが一番です。

●組織には機関車的な人が必要

組織づくりは、機関車的な人がいないと難しいですね。

平成二十二年四月から仁愛保育園の姉妹園として清水保育園が誕生しました。「立腰と躾の三原則」を三十年やってきた私の次女夫婦が経営者です。

子どもがよりよく変わり、活き活きとして園に通ってきます。二年足らずの実践で、子育てにおいてはやはり、立腰と躾の三原則が自然な教育の大道であることを証明する園になっています。

●自尊感情は最後までやりぬく過程と感動ある達成感を体験させる中で培われていく

一度決めたことを、腰骨を立てて最後まで頑張り抜く体験は、立腰教育の中心的活動のひとつです。三歳以上のクラスになりますと、例えば運動会の鼓隊や日本ダイコのポジション（役割）はじゃんけんで決め、公平さを貫いていきます。

劇活動でも、自分で決めた役柄を、最後までやり抜かせます。練習は、苦しいけど追い込んでいきます。自分で決めたことですから最後まであきらめずにやり抜かせます。

しかし、このやり抜いていく過程で、先生とのコミュニケーション、深い信頼感も一緒に深まっていくことが大前提であり、重要な要素となります。

それと、それぞれの行事の終了時には、親も先生も全員で子ども達を認め、ほめて、よろこび合い、達成感を十分味わうように配慮します。

・よく頑張ったね、感動しましたよ
・腰骨が立っていて一人一人が主役の花を咲かせましたね
・一人一人が美しく輝いている姿は、生涯忘れませんよ等々、率直な感想を語り達成感を共有します。

達成感を味わうことをさせないと苦しさだけが残り、自尊感情が歪《ひず》みますので、細心の配慮が不可欠です。

最後までやり抜かせることで、努力の上に花が咲く、努力をしないと実らないということを体験で知らせます。

「人事《じんじ》を尽《つ》くして天命《てんめい》を待《ま》つ」の格言の意味を感じとってくれることを願っています。

運動会　５歳児クラス　ポジションはジャンケンで決める

終わりにあたって

●親や大人は「調和」をとる「ものさし」を持つこと

親が知っておかなければならないことで大事なことがあります。それは物事すべてにおいて両方よいことはないということです。

どこで生活しようが、宇宙の法則が働きます。宇宙には、はじめから絶大なる神の愛と秩序、法則があるわけです。この現実は否定できません。

光があれば影があります。

紙には裏表があります。

そのことをよーく知っておいて、ではどうするかです。

常に調和をとらなくてはいけません。

例えば、子どもが目をしばしばさせたとします。はっとそれに気づいて、何でこの子はチックのような表情が出たのか、そのことは子どもに言わないで、なぜかと親が自分の行動を省みます。

すると親の生活の中に、または園生活の中に答えがあることに気づくはずです。

――保育園なら、保育士が保育園の状態を省みます。
親や保育士は、気づいたことを解消していけばいいわけです。

また、二、三日前に怒りすぎたとします。
――怒ったことは、大事なことだから叱ったのだけど――
その後、子どもに安心感を与えることを忘れていた。
と、いうことってありますね。

叱った後には、必ず、「もう怒っていないよ、あなたが大好き」という**親の情を、**伝えなくてはなりません。

必ず、**叱ることと情を伝えることの調和をとらなくてはいけません。**怒った後、心を和らげるコミュニケーションをとってください。
そのときに役立つのが調和をとる「ものさし」です。

●調和をとる「ものさし」

冷静　～常に善意ある第三者の立場でものを見る

夫婦喧嘩をしないためには、どちらかが先に折れなくてはいけません。奥さんだけが折れなくてはならないということはありません。そこのところがわかった夫婦になったら、早く喧嘩も止むと思います。

それには冷静さ、常に第三者の立場で自分を見る習慣をつける必要があります。

親切　～自己中心の立場を離れる

相手の立場に立って思い、念じ、語り、自己中心の立場を離れ、親が感情的にならないことは、とても大切です。

何かと忙しい親は、ついつい自分の立場を優先して子どもを叱ってしまうことがあります。子どものために叱っているようで、実は、親の都合を邪魔されたことに叱っていることが案外あるものです。

この子がぐずったら——私の用が遅れた、ということで、カーッと感情的になってしまうわけです。これは、親の自己中心的考えからきています。

そういうものに早く気づいて、自分の心を冷静に見つめてほしいと思います。


感謝、報恩　～子育てにも奉仕と協調の心を忘れない

人々の努力で社会も個人も成り立っていることを知り、奉仕と協調の心を忘れないで、子どもから尊敬される大人を目指したいですね。

具体的には、常日頃感謝の気持ちを返したいというような気持ちがないと、とっても傲慢になって子どもを感情的に叱ってしまうことになります。

自分に親切心が根付いているか……

本当に子どもを授かったことに感謝の気持ちを持っているか……

そう思って、自分の心の中を見るような親であったら、子どもから尊敬される親になれると思います。

そういう親を目指してほしいと思います。

次は「まえがき」で紹介した卒園児からの手紙です。

●心のふるさと仁愛保育園

石橋園長先生、三宅先生、尾﨑先生、樋口先生、菅原先生。昨日（平成二十四年三月三十一日）は思いがけない素敵な時間をありがとうございました。仁愛に通っていた頃の自分に戻ったような、何の格好もつけないでいい時間を心から嬉しく過ごせました。

大人になっていく程、逃げられない場面や挑まなければならない時が増えてきたように思います。そんな時「腰骨を立てます」という心の声が聞こえるのです。正直な自分を貫こうとする時、つくづく僕は仁愛で育った事を実感します。時が経つ程、心が原風景を求め、先生達に会いたい、仁愛に行きたいと思います。

園長先生の言われていたように心の故郷は仁愛にあります。それは多くの卒園生達も同じで、先生方お一人お一人の働きの表われだと思います。

小さな頃の自分が受けてきた沢山の愛を、これからも変わらず平等に与え続けて下さい。仁愛の教育を守って下さい。福岡からは少し離れてはいますが、いつも思っています。

今、現場で頑張られている先生がた、皆様の姿、言葉、表情は園児遠の一生の宝物になると信じて下さい。一生忘れることがないと確信して下さい。園児達を大切にこれからも頑張って下さい。

三宅先生、尾﨑先生、樋口先生、菅原先生。約三十年前と変わらない、優しい温かい皆様と一同に会えた事は涙が出る程嬉しい出来事でした。本当に本当に嬉しかったです。これからも益々お元気でいて下さい。今度僕が仁愛に行った時も、変わらずに迎えてほしいと心から願っています。

園長先生。厳しく、優しく、愛を持って関わって下さった事をこれからも感謝し続けます。何のためらいもなく、仁愛で過ごせて良かったと言い切れます。

これからも素敵な先生方を育て、仁愛保育園の園児達を育てて下さい。

お体には気をつけて。次回お会い出来る日を今から楽しみにしています。

昭和五十七年度第九回卒園児　０歳から六年間在籍
眞野純一さん　現在三十三歳　静岡県在住

あとがき

結婚当初は専業主婦に憧れていた私は、子育て中の二十五才頃より自分の人生に疑問を持ち始め、次女出産後から独学で保育士資格試験に挑戦し、幸いにも合格、二十八才でした。ここから私の仕事人生が始まり、仁愛保育園と清水保育園の歴史に深く関わって現在七十二才になりました。

園長就任四年目（昭和四十九年三月）に、森信三先生と直接の出会いがあり、立腰教育の実践を開始しました。それが軌道に乗り、「立腰の仁愛」と知られる伝統が培われた頃、四十八才になった私は青天の霹靂の如く、（故）高橋信次氏の講演録と著書に出合い、宇宙には最初から法則があり、秩序があることを学びました。

そして、人間らしく生きるためには、「心の在り方」が一番大切であることを学び、自分の人生を反省する機会を得ると共に、立腰教育は心身相即的存在の人間形成の原点として「不易」であると確信致します。

心の中心は「愛」そのものであり、型を通す立腰教育は、保育士や親の愛情が注ぎ込まれていることを子どもが感じとることによって定着し、同時に親への愛着形成と豊かな自尊感情が育まれます。

0才から「つ」のつく時代（九才）までに躾を受けたお子さんは、中学生時代頃から自分らしさを出し、自立に向かってゆきます。

自分をコントロールする意志力や人間としての品格は、幼き頃の躾が原点になります。更に、天から授かっている個性も、躾が基盤となって発揮されていくものです。

本書から躾ける内容と方法を読み取って下さることを切望致します。

最後に、出版に関して高木書房の斎藤信二氏にお世話になりました。深謝申し上げます。

平成二十四年五月一日

石橋　富知子

石橋　富知子（いしばし　ふちこ）
1940 年（昭和 15 年）福岡県生まれ。
２児の子育てをしながら保育士の資格を取得。
1971 年（昭和 46 年）に福岡市城南区に仁愛保育園を開設。
1974 年（昭和 49 年）に教育哲学者・森信三氏に出会い、森氏が提唱する「立腰」と「躾の三原則」を教育方針とし、「調和のとれた人柄の土台づくり」に専念。

著書
『腰骨を立てます !!』 1988 年（昭和 63 年）５月出版
『人間教育の土台　立腰教育　仁愛保育園のこと』 2003 年（平成 15 年）４月出版
他、『実践人』、NHK ラジオ深夜便『こころの時代　第１号』とその「CD」など多数の雑誌、機関誌などに登場。

子育ての秘伝
立腰《りつよう》と躾の三原則

平成二十四年五月二十八日　第一刷発行

著　者　石橋　富知子
発行者　斎藤　信二
発行所　株式会社　高木書房
〒一一四－〇〇一二
東京都北区田端新町一－二一－一－四〇二
電　話　〇三－五八五五－一二八〇
ＦＡＸ　〇三－五八五五－一二八一
装　丁　株式会社インタープレイ
印刷・製本　株式会社ワコープラネット

　ISBN978-4-88471-093-4